com os olhos do CORAÇÃO

Com os olhos do coração

Copyright by © Petit Editora e Distribuidora Ltda., 2005

18-07-25-1.000-51.120

Coordenação editorial: **Ronaldo A. Sperdutti**
Capa: **Danielle Joanes**
Imagem da capa: **Syda Productions | Shutterstock**
Projeto gráfico e editoração: **Estúdio Design do Livro**
Revisão: **Maria Aiko Nishijima**
Berenice Martins Baeder
Impressão: **Gráfica Printi**

**Ficha catalográfica elaborada por
Lucilene Bernardes Longo – CRB-8/2082**

Lucca, José Carlos de.
Com os olhos do coração / José Carlos de Lucca. – São Paulo : Petit Editora, 2005.
192 p.

ISBN 978-85-7253-288-4

1. Espiritismo   2. Família   3. Casamento   4. Autoajuda
I. Título.

CDD: 133.9

Direitos autorais reservados.
É proibida a reprodução total ou parcial, de qualquer forma ou por qualquer meio, salvo com autorização da Editora.
(Lei nº 9.610, de 19 de fevereiro de 1998)
Traduções somente com autorização por escrito da Editora.

Prezado(a) leitor(a),

Caso encontre neste livro alguma parte que acredita que vai interessar ou mesmo ajudar outras pessoas e decida distribuí-la por meio da internet ou outro meio, nunca deixe de mencionar a fonte, pois assim estará preservando os direitos do autor e, consequentemente, contribuindo para uma ótima divulgação do livro.

José Carlos De Lucca

com os olhos do CORAÇÃO

Os segredos do bom relacionamento familiar

Av. Porto Ferreira, 1031 – Parque Iracema CEP
15809-020 – Catanduva-SP
Fone: (17) 3531.4444
www.petit.com.br | petit@petit.com.br
www.boanova.net | boanova@boanova.net

Livros do autor José Carlos De Lucca:

— *Sem medo de ser feliz*
— *Justiça além da vida*
— *Para o dia nascer feliz*
— *Com os olhos do coração*
— *Olho mágico*
— *Atitudes para vencer*
— *Força espiritual*
— *Vale a pena amar*

Veja mais informações sobre o autor no *site*:

www.jcdelucca.com.br

O autor cedeu os direitos autorais
desta obra à Casa do Cristo Redentor,
instituição de amparo à criança,
localizada na Rua Agrimensor Sugaya, 986,
Itaquera, São Paulo, registrada no
Conselho Nacional do Serviço Social
sob nº 238.906/69, de acordo
com o termo de cessão firmado em
31 de março de 2005.

Dedico este livro aos meus pais,
Ferdinando e Manoela,
pelas eternas lições de amor
com que me felicitaram.

$\mathcal{A}gradeço$ o apoio valioso da Cristina. Sem ela, este livro jamais estaria hoje em suas mãos; sem ela eu nada seria. Aos filhos Tarcísio e Thales, sou grato pelas "broncas" que me davam quando me sentia sem ânimo para escrever.

Sou também agradecido às amigas Cibele Siqueira, Karen Peres Gameiro, Margarete Nunes, Paula Zamp e Sara Baarini, pelas sugestões que ofereceram ao presente trabalho.

Aos amigos do Grupo Esperança, presto este agradecimento por caminharem ao meu lado aceitando minhas falhas.

Aos magistrados Carlos Alberto Garbi e Luiz Fernando Nardelli, amigos que guardarei para sempre em meu coração.

Não posso esquecer de minha avó Aurora Bruno, pelos cuidados que até hoje me dispensa.

Sumário

PREFÁCIO, 13

EM FAMÍLIA..., 16

TRAGA-ME PERAS..., 18

A cura..., 21

ESTEJA CASADO CONSIGO MESMO, 23

POR QUE ESTAMOS JUNTOS?, 27

Qualquer coincidência..., 33

CONVIVER É PRECISO, 35

A CONVIVÊNCIA ENTRE PAIS E FILHOS, 39

O que cada um é capaz de dar..., 43

A CONVIVÊNCIA ENTRE OS CÔNJUGES, 45

CONVIVER NÃO É APRISIONAR, 49

Um tempo a mais, 53

QUANTO TEMPO AINDA TEREMOS?, 55

SEPARAR OU NÃO SEPARAR, EIS A QUESTÃO... (1), 59

SEPARAR OU NÃO SEPARAR, EIS A QUESTÃO... (2), 63

Qualquer coincidência..., 67

SEM ACEITAÇÃO, NÃO HÁ SOLUÇÃO, 69

TIRANDO PROVEITO DAS DIFERENÇAS, 73

O QUE A ACEITAÇÃO NÃO É, 77

A mulher perfeita..., 81

GOSTANDO DE GOSTAR, 83

ACEITAR, COMPREENDENDO, 87

Qualquer coincidência..., 91

QUEM NÃO SE COMUNICA..., 93

INVESTIR NO DIÁLOGO, 98

NÃO DÁ MAIS PARA SEGURAR..., 102

A ARTE DE DIALOGAR, 105

Veneno..., 111

COM OS OLHOS DO CORAÇÃO, 113

A ARTE DE OUVIR, 118

O que restou..., 123

A EXPRESSÃO CORPORAL DO AMOR, 125

EDUCAR É PRECISO, 131

CORRIGIR COM AMOR, 136

Qualquer coincidência..., 141

ÁLCOOL: FAMÍLIA EM PERIGO, 143

VÍCIOS NA JUVENTUDE: PREVENÇÃO AINDA É O MELHOR REMÉDIO, 147

PARA VENCER AS DROGAS, 152

MUITO ALÉM DAS PAREDES..., 158

ORAÇÃO EM FAMÍLIA, 163

Mantenha seu garfo..., 167

HORA DO ADEUS..., 169

O milagre do amor, 175

VOCÊ É O MEU SOL, 177

REFERÊNCIAS BIBLIOGRÁFICAS, 183

Prefácio

Ao terminar de ouvir o convite para escrever este prefácio, um misto de alegria e preocupação se apoderou de mim.

A alegria vem do meu respeito pelo livro. E, como prefaciador, o querido amigo me abria a oportunidade de fazer "mais uma ponta" neste veículo que tanto prezo.

A preocupação vem com o respeito ao amigo. E que amigo! Daqueles que nos fazem sentir bem só de pensar neles. Sua presença irradia confiança. É assim na amizade, na família, na doutrina, na vida profissional, na oratória, no rádio e no livro (e em breve na TV).

Este já é o seu quarto livro. E quem já leu um de seus livros está sempre esperando o próximo.

Bem, vamos ao livro. Afinal, estou chovendo no molhado. Quem não sabe desse De Lucca? Só mesmo quem não o conhece. É isso, pelo menos para esses, minhas palavras, quem sabe, tenham utilidade.

A preocupação continua. Como apreciador do escritor, pelo menos nesta minha participação, é desejável que eu diga algo relevante, para que o leitor se sinta estimulado a levar este livro e lê-lo tão logo chegue em casa. Nem precisa, eu sei. Só estou pensando mesmo naqueles que ainda não conhecem os outros livros do autor.

Terminei de ler o livro.

Você, que me lê agora, espere, preciso dirigir-me ao escritor.

Obrigado, De Lucca. Fiz uma viagem no tempo porque, afinal, já tenho minha família. Pude sentir as grandes e simples (só depois de bom tempo percebemos) verdades que você trouxe em seu livro. E quem conhece a verdade... esse Jesus é o máximo!

Relembrei acertos, equívocos e também os erros. Não gostaríamos de tê-los cometido. A ignorância e a imaturidade doem. Mas você os trouxe com tanta delicadeza, sem acusação, **com os olhos do coração**, que nos ajudam a enxergá-los, e só assim podemos sacudir a poeira e dar a volta por cima.

Achei ótimas as citações todas.

Um livro aberto, pluralista, contextualizado, antenado. Aliás, aproveitando a deixa, hoje pela manhã, li uma entrevista de Dom Paulo Evaristo Arns, na qual ele dizia:

— "Deveríamos falar em família com respeito e simplicidade. Hoje, nem a televisão une a família porque cada um quer ter seu aparelho, em seu canto da casa. A família precisa se juntar em torno de ideias".

De Lucca, foi o que você fez — e com sabedoria. Peça ao seu editor mandar um livro para o eminente cardeal, ele vai gostar.

Outra coisa excelente: a sutileza dos conceitos espíritas, ao lado dos não espíritas, demonstrando a postura universalista do Espiritismo e a contribuição do pensamento espírita para a cultura humana.

Bom, tem mais. Mas o leitor, De Lucca, terá de descobrir por si próprio.

Aliás, voltando a falar com você, leitor e leitora, preciso parar por aqui, pois está ficando longo, e o editor é capaz de cortar.

Finalizando, quero ressaltar o seguinte:

Para você que acha estar longe de ter sua própria família, para você que começou há pouco a sua e mesmo para você que já a tem há muito tempo, quero lembrar ainda o respeitado cardeal aqui mencionado. Na referida entrevista, ele começou dizendo que "os problemas começam na família". É verdade, mas, em contrapartida, geram capacitação. É nesse cadinho que crescemos e evoluímos. A solução também está na família, porém só a vê quem olha com os olhos do coração.

Então, não espere mais. Vire a página e abra os olhos.

Agora.

JETHER JACOMINI FILHO
DIRETOR ARTÍSTICO DA REDE BOA NOVA DE RÁDIO
FEVEREIRO DE 2005

Em família...

Quando estávamos viajando com a família a Poços de Caldas, conversava com meu marido sobre seu novo livro e fui surpreendida com o convite que me fez para escrever algumas palavras a respeito de seu trabalho. Confesso que hesitei, pois não tenho o hábito de escrever. No entanto, aceitei o convite, afinal de contas estamos juntos há dezoito anos (quatorze de casamento e quatro de namoro, além de dois filhos maravilhosos e uma linda cachorrinha).

Conforme os capítulos iam sendo escritos, percebi que a minha opinião era de grande importância para o De Lucca; assim que terminava um capítulo, logo vinha pedir a minha apreciação e eu pensava que um livro deve resumir tudo o que o escritor leu, sabe e pensa sobre o assunto, além de tudo aquilo que ele é no seu dia a dia.

Meu marido leu diversos livros sobre o tema, porém o mais importante são os seus exemplos dentro de casa. E, como sua companheira de viagem nesta vida (graças a Deus), sei bem o que se passa em sua cabeça e em seu sensível coração. Ele procura efetivamente colocar em prática tudo o que pensa ser importante e saudável para o relacionamento familiar, costuma comparar o casamento a uma receita de bolo, em que são necessários vários ingredientes (amor, carinho, compreensão, aceitação e por aí vai...), para crescer e ficar gostoso. Em nosso casamento, confesso que é ele quem mais tem contribuído para o relacionamento crescer; gosto de dizer que é meu "anjo da guarda" encarnado. Enfim, tenho aprendido muito, porém sei que tenho muito ainda a aprender com meu marido, que é um homem sonhador e que gosta de entender o ser humano na sua amplitude e angelitude. Posso afirmar que ele nos vê com os olhos do coração.

Sem pretensões, De Lucca tenta transmitir várias ferramentas para que encontremos motivações e resultados positivos em nosso caminhar a dois. Espero que você perceba o amor com que este livro foi escrito, especialmente para o crescimento dessa instituição de amor chamada família.

CRISTINA DE LUCCA

Traga-me peras...

Minha mãe adoecera gravemente. Apesar dos esforços médicos, a doença avançava e nossas esperanças diminuíam a cada dia. Era uma sensação muito estranha ver dona Manoela presa a um leito de hospital. Justo ela, sempre tão ativa e presença marcante na vida da família. Mas a passos rápidos saía de cena.

Quando percebi que a desencarnação era iminente, aproximei-me do leito com a intenção de falar-lhe aos ouvidos: desejava saber se ela queria fazer-me algum pedido, um último pedido. E ela o fez. Com muita dificuldade, seus lábios sussurraram:

— Filho, traga-me peras, por favor.

— Peras? — indaguei surpreso.

— Isso mesmo, peras argentinas.

Pedido de mãe não se discute. Embora sem entender o estranho desejo, saí à procura da fruta. Levei algum tempo até encontrar as argentinas. E voltei depressa. Eram nove horas da noite quando entrei no quarto com a encomenda.

— Mãe, trouxe as frutas que a senhora pediu. Quer que eu as descasque?

— Não, filho. Chame o seu pai.

— Mas por que chamá-lo? Eu mesmo posso lhe servir.

— Chame-o para comer.

— Pediu-me as frutas para ele? — perguntei espantado.

— Sim, filho, seu pai está com problemas nos dentes, e as peras argentinas são macias. Chama ele, filho, chama.

No dia seguinte, 14 de dezembro de 1999, logo pela manhã, dona Manoela partiu. Deixou muitas saudades e a lição das peras, dentre muitas outras que guardo em meu coração.

Foi exatamente naquele dia que este livro começou a se desenhar em minha mente. Desde então, venho pensando com mais profundidade sobre a importância da família em nossa vida e observo que sem ela a vida seria o caos. Por certo, grande parte dos problemas que enfrentamos, sejam os pessoais, sejam os vinculados às crises sociais, tem como causa famílias desestruturadas.

Muitos desajustes na família são decorrentes do egoísmo. Em regra, pensamos somente em atender às nossas necessidades. A família, porém, obriga-nos também a pensar no outro, a ter por ele cuidado, afeto e respeito. E, quando assim agimos, o amor brota em nosso coração. Esse é o propósito deste livro, ajudar-nos a ver a família com outros olhos, não mais como um campo de batalha onde o único propósito é destruir o inimigo, conforme muitos a sentem, porém como a mais prazerosa relação afetiva que uma pessoa pode sentir em sua vida. Isso somente ocorre quando vemos os familiares sob uma nova perspectiva e os tratamos da maneira como gostaríamos de sermos tratados. Esse é o olhar do coração, sob o qual as páginas seguintes se abrem.

Espero que este singelo livro lhe pareça um pomar de frutas e que nele haja peras doces e macias, as mesmas que dona Manoela levava a nossa boca.

José Carlos De Lucca

A cura...

Um dia, um homem foi a um médico famoso por suas curas.

— Qual é o problema? — perguntou o médico.

— Estou totalmente deprimido — disse o homem.

Após mais algumas perguntas, o médico disse:

— Não vou prescrever remédios para a sua depressão.

Um circo está na cidade, e quero que o senhor vá assistir ao grande palhaço Grimaldi.

O homem abaixou a cabeça e disse:

— Doutor, eu sou o palhaço Grimaldi.[1]

---

* Veja no final do livro as referências bibliográficas (Nota do Editor).

Esteja casado consigo mesmo

"É só o casamento consigo mesmo que gera a energia e o conhecimento suficientes para casar-se com outra pessoa."[2]
VALÉRIO ALBISETTI

É provável que você esteja estranhando o título deste capítulo. Talvez questione como um livro sobre vida familiar pode pregar o casamento consigo mesmo. A ideia que desejo transmitir-lhe é que um bom relacionamento conjugal depende do quanto cada um dos parceiros está bem consigo mesmo. Ao longo de mais de quinze anos lidando com o público, ouvindo queixas sobre problemas familiares, pude notar que grande parte delas não tinha como causa insatisfações com o casamento em si, mas insatisfações pessoais de um dos cônjuges e que se refletiam indiretamente na vida conjugal.

Conheci uma senhora que estava casada havia dez anos e apresentava uma autoestima negativa trazida da infância. Tornou-se obesa quando pequena e o pai afirmava-lhe que homem algum teria interesse por ela. Na juventude, fez diversos regimes e conseguiu emagrecer alguns quilos. Casou-se, porém voltou a engordar. Sentia-se feia, roupa alguma lhe servia, passou a não sair de casa e evitava os amigos. Insegura, temia perder o marido (profecia do pai). O relacionamento entre o casal esfriou, ela evitava relações sexuais porque tinha vergonha de seu corpo. Estavam a um passo da separação.

Era visível que a desarmonia conjugal não era fruto de algum problema no casamento, mas sim das dificuldades pessoais que a mulher tinha em relação à obesidade. Por mais compreensível que fosse o marido, e ele era, os conflitos emocionais da mulher impediam a fluência do amor entre os dois. Como haveria amor entre eles se a mulher mal conseguia amar a si mesma? Não se ama o outro sem amar a si mesmo. É impossível amar o próximo odiando-se. O amor é uno, indivisível, sentimento que agrega, não exclui nem diminui. Contudo, fomos educados para somente amar o semelhante, como se isso fosse possível sem o amor a nós mesmos. Sabia disso Louise L. Hay:

> "Lutamos desesperadamente para responder às solicitações externas, como forma de sermos amados pelos outros. E nesse esforço permanente perdemos de vista o incrível milagre que é cada um de nós como centelha divina e esplêndida expressão de vida".[3]

É curioso como nos comportamos. Queremos ser amados, mas não nos amamos. Esperamos que o cônjuge faça o trabalho que é nosso. Claro que é bom ser amado, porém esse amor do outro só é realmente bom quando vem por acréscimo ao amor que nos damos. Desejamos ser valorizados pelo parceiro, contudo muitas vezes nos abandonamos por completo. Quando isso ocorre, a relação deixa de ser prazerosa e se torna torturante, porque cada um quer "sugar" o outro.

Com os olhos do coração

Quando criticamos em demasia, quando só vemos defeitos, quando exigimos muito, quando estamos amargos, quando não perdoamos, demonstramos que não gostamos de nós. E, como estamos anêmicos de amor, exigimos que o cônjuge realize nossos sonhos de felicidade. Mas ele não tem essa obrigação, ninguém tem. Ninguém. O parceiro é apenas alguém que decidiu viajar conosco, mas não tem responsabilidade pela estrada que devemos encontrar e percorrer. Ele navega conosco pelos mares da vida, mas não assume o leme da embarcação.

Temos muitas expectativas sobre o desempenho do cônjuge; a procura pelo par perfeito pode estar apenas encobrindo o desejo de que o outro realize nossos desejos. É frustração na certa, o mundo ainda é dos imperfeitos. Nem os anjos estão aí para satisfazer os nossos caprichos. Essa busca incansável do companheiro ideal pode disfarçar um desejo de permanecermos crianças, escapando da nossa responsabilidade de adulto. É curioso ver a mulher chamando o marido de pai e o marido chamando a mulher de mãe. Quais sentimentos estão submersos nesse tipo de tratamento? A resposta é dada pelo psicanalista italiano Valério Albisetti:

> "A verdade, ao contrário,
> é que ninguém pode cuidar de nós como nós mesmos.
> A totalidade pessoal só é atingida de uma forma.
> Conhecer-se a si mesmo ao máximo, aceitar-se e superar-se.
> É completo quem tem a si mesmo".[4]

Lembrei-me do palhaço Grimaldi. Será que não estamos também rindo por fora e chorando por dentro? Não chegou a hora de também cuidarmos da nossa casa interior? Vamos avaliar se os conflitos familiares são apenas insatisfações nossas. Verifiquemos se não estamos esperando que o cônjuge realize nossos sonhos. Abandonemos essa ilusão, pois, do contrário, ainda sofreremos muito. Somos adultos, precisamos nos dar conta disso; crescemos, ninguém tem mais a responsabilidade de cuidar de nós, cortemos qualquer dependência. Quanto mais amor nos dermos, quanto mais estivermos bem conosco, melhor será o nosso relacionamento no lar. Só dá amor quem tem. Quando nos amamos, deixamos de ser tão implicantes e exigentes com os familiares, temos bom humor, alegria de viver e não há quem resista a uma pessoa tão admirável assim. Tenho certeza de que é isso o que você deseja para você. Ou será que seu médico vai lhe recomendar que assista ao palhaço Grimaldi?

Por que estamos juntos?

"Os espíritos que convivem contigo no ambiente doméstico são teus instrumentos imediatos de aperfeiçoamento. Jamais, dentro de casa, te coloques na condição de vítima. Os teus familiares são os que te conhecem mais de perto — espelhos nos quais te podes ver sem distorção de imagem."[5]

IRMÃO JOSÉ

É a pergunta que nos fazemos muitas vezes. Tínhamos tantos sonhos de uma família feliz e de repente nos vemos ligados a pessoas que são muito diferentes de nós e que não correspondem ao que idealizamos antes do casamento. Não é comum encontrarmos pessoas que estão plenamente satisfeitas com seus familiares. Quase todos reclamam que nasceram na família errada, que Deus se equivocou ao nos juntar com pessoas tão difíceis. Isso não ocorre apenas em relação ao nosso cônjuge ou aos filhos; temos sensações idênticas quanto a nossos pais. "Bem que eles poderiam ser diferentes" — é o que pensamos em diversas ocasiões. No divã dos psicanalistas, as insatisfações entre pais e filhos são queixas triviais. Livros e mais livros são escritos sobre o assunto; teses acadêmicas procuram solucionar os desafios do relacionamento no lar, sem, no entanto, responder à intrigante pergunta formulada no título deste capítulo.

O Espiritismo, sem nenhum demérito para o saber científico, tem uma contribuição valiosa para oferecer ao assunto. Conquanto todas as religiões reconheçam a ideia da imortalidade do espírito, ou seja, que a alma sobrevive após a morte do corpo, a Doutrina Espírita tem como um dos seus postulados o princípio de que esse mesmo espírito tem diversas experiências para atingir a perfeição. No plano terreno, o aluno não tem condições de conquistar o diploma universitário em um único ano letivo. Para tal fim, a experiência começa por volta dos sete anos e somente depois de onze anos de estudos é que ele estará em condições de ingressar no curso superior. Depois, serão mais quatro ou cinco anos de dedicação. Na escola do espírito, virtudes como coragem, tolerância, paciência, alegria, compreensão e amor não são adquiridas em apenas setenta ou oitenta anos de existência. Mesmo o conhecimento científico não é passível de ser assimilado em uma única vida. Os meus professores de física que o digam...

Na universidade, quando há alguma reprovação, o aluno tem direito a prosseguir os estudos, cursando novamente as disciplinas em que não tenha se saído bem. É de se perguntar se Deus teria um coração menos compreensivo do que o de um diretor de escola!

Pois bem. Tudo isso foi dito e por certo ainda foi pouco para justificar a ideia de que nascemos no lar de que necessitamos. Partimos do pressuposto de que já tivemos outras encarnações e que nelas travamos algum tipo de relacionamento com várias pessoas.

> Com algumas fizemos amizades imorredouras;
> com outras não nos demos tão bem assim.

Ao findar-se a experiência com a morte do corpo — apenas do corpo, é bom que se frise —, restaram vitórias e lições não aprendidas. Fomos aprovados em algumas matérias; em outras, nosso rendimento foi insuficiente. Como Deus não nos castiga, não havendo reprovações eternas na escola do espírito, voltamos ao planeta para uma nova experiência, a fim de repetir as lições não assimiladas na derradeira experiência. Lógico, não?

Um dos cenários mais interessantes para essas lições é o palco da família. Mais uma vez o esclarecimento é do Irmão José:

> "São teus parentes, diretos ou indiretos, a banca examinadora
> a aferir o que já sabes das lições que necessitas saber".[6]

Daí se explica que dentro do lar, ao lado dos afetos queridos, vamos reencontrar almas que nos são lições vivas de paciência, compreensão e renúncia. Aquilo que mais nos irrita no comportamento alheio pode ser um espelho refletindo o que ainda carregamos por dentro e que necessita ser trabalhado.

Fui procurado por um jovem que se queixava do comportamento autoritário do pai. Reclamava que o genitor não o ouvia e que a vontade paterna sempre e sempre prevalecia dentro de casa. Ninguém mais era ouvido e respeitado. Os dois discutiam muito por isso e algumas vezes chegaram às vias de fato. Perguntei ao jovem como ele se comportava em relação às demais pessoas de seu círculo de convivência, queria saber na verdade se ele também agia como o pai. Indignado, o rapaz protestou contra a questão. Insisti na pergunta e, passados alguns segundos, o jovem, muito constrangido, confessou que se comportava da mesma forma com a namorada. Portanto, pai e filho eram autoritários, e as Leis Divinas permitiram essa aproximação para que um fosse o espelho do outro e assim experimentassem os efeitos prejudiciais da forma de viver que cada um assumiu para si. Quantas lições temos a aprender dentro de quatro paredes!

> O familiar difícil não é um problema cármico que nos cabe aturar, como erroneamente se pensa. É, antes de tudo, um irmão a quem devemos amar.[*]

Não podemos repetir velhos hábitos de indiferença e crueldade para com os que não nos amam. A experiência no lar é o convite para que correntes de ódio sejam quebradas pela força do amor. Então, nada de nos afastar do parente--problema (até porque também somos um problema para ele), pois isso implicaria perdermos a oportunidade de nos conhecer e de nos reconciliar com eles. Nada de posar de vítima dentro de casa, tampouco de salvador — aquele que pensa ter vindo para consertar a vida dos familiares. Deus

---

[*] Nem sempre os problemas de relacionamento no lar são consequência de vidas passadas. Não raro, muitos alteram a programação reencarnatória e elegem outras pessoas para a vida conjugal. Mesmo assim, esses espíritos se atraíram pela necessidade mútua de aprendizado.

me livre de ambos. A única tarefa que nos cabe é a de amar, como se isso fosse pouco.

Muitos perguntam como será possível amar nossos parentes-problema. Respondo: o amor é uma conquista eterna; sendo assim, não nasce de um dia para o outro. Ele principia no momento em que começamos a ter bons olhos para a pessoa, no instante em que descobrimos virtudes em quem só víamos maldades. Depois se desdobra em amizade, em querer bem, em não ligar tanto para os defeitos, em perdoar os equívocos, em começar a achar graça até do jeito que a pessoa é. Quando tudo isso ocorrer, é provável que você esteja pronto para responder à pergunta formulada no início do capítulo. Estamos unidos por causa do amor. Só por ele vale a vida no lar.

Qualquer coincidência...

Rodrigo e Márcia são casados há dez anos e ambos trabalham fora do lar. O casal tem um filho de oito anos, que estuda em período integral. Rodrigo sai do trabalho e vai para o curso de pós-graduação. Márcia chega em casa às oito da noite e, embora exausta, prepara o jantar, lava a roupa, arruma a casa. Quando Rodrigo, já bem tarde, chega da universidade, Márcia está sonolenta e indisposta para qualquer tipo de diálogo. O filho, por falta de companhia, está dormindo desde as nove, cansado do videogame. Rodrigo devora a comida requentada e, com o corpo moído, se joga na cama para mais uma noite de sono ou talvez de pesadelo. No fim de semana, ele vai ao futebol com os amigos e a esposa às compras do lar, e o desolado filho é entregue aos cuidados da avó carente. Depois da macarronada de domingo, Rodrigo se esparrama no sofá e consegue "apagar" mesmo diante dos reclamos do filho. Márcia, sentindo-se solitária, passa o dia em frente da televisão, esperando que a segunda-feira chegue logo para ter alguém com quem conversar.

Conviver é preciso

"A casa não é apenas um refúgio de madeira ou alvenaria, é o lar onde a união e o companheirismo se desenvolvem."[7]
ANDRÉ LUIZ

Um bom relacionamento com a família demanda convivência entre os seus membros. Os dicionários registram que conviver é viver em comum com outrem em intimidade. Como afirmou André Luiz, o lar não é somente a casa e os objetos que a compõem, não é apenas o local em que nos abrigamos das intempéries, nem tampouco onde só comemos e dormimos. Lar não é sinônimo de hospedaria. A casa é um dos componentes do lar. A vida em família pede proximidade física e emocional entre os seus integrantes. É dessa proximidade que nasce a intimidade no grupo. A escritora Lya Luft observou que hoje sofremos com o pouco espaço para diálogo, ternura, solidariedade dentro da própria casa[8]. Só a convivência pode restaurar esses valores, verdadeiros remédios para as doenças familiares.

Na atualidade, com frequência, os filhos só se encontram com os pais já bem tarde da noite, e a convivência se limita aos fins de semana, geralmente também marcados por diversos compromissos. Vivem os casais um paradoxo preocupante: os filhos querem a atenção dos pais, mas estes, quando se encontram em casa, estão exaustos, pouco dispostos a conversar com quem quer que seja, quanto mais a brincar com as crianças. Mesmo que fisicamente próximos, a distância emocional abre vales imensos no relacionamento familiar, muitas vezes levando ao abismo da indiferença.

Dirão alguns que as exigências sociais são grandes e que não há mais espaço para a vivência familiar. É verdade que hoje os pais estão submetidos a muitas pressões sociais, querem dar aos filhos coisas que não tiveram na infância — assunto que comentaremos mais adiante. Todavia, uma família feliz é aquela que, a despeito dos desafios da vida moderna, não perde a ideia substancial de que a relação é a essência que não pode desaparecer. Necessitamos da presença do outro em nossa vida, de compartilhar nossos sonhos e temores.

Aliás, por que será que algum dia duas almas se uniram e resolveram viver juntas para o resto de suas vidas? Por certo, elas se amavam tanto que não conseguiam viver longe uma da outra, e por isso resolveram conviver. Se essa convivência, porém, vai desaparecendo, com ela vai ruindo também o próprio relacionamento. Creio que o leitor estará perguntando: como vencer esses desafios da vida moderna que roubam tanto tempo da convivência no lar?

Se o mundo mudou, a família também precisa mudar, e quando falo em família refiro-me aos seus integrantes. Se a família não vai bem é porque nós não estamos indo bem e nossas atitudes carecem de reajustes. Algumas perguntas que nos cabe formular:

Com os olhos do coração

> Numa escala de zero a dez, qual é o grau de
> importância que você dá à sua família?

A família precisa figurar como um valor fundamental em nossa vida; contudo, muitas vezes damos valor superior a outros setores de nossa existência, como, por exemplo, o trabalho, os amigos, o esporte ou mesmo as práticas religiosas. Se isso está ocorrendo, é quase certo que o grau de qualidade da relação familiar não é satisfatório. É deveras agradável ter sucesso profissional, mas o que adianta, por exemplo, ser um bom advogado se a família está indo à falência? De que me valeria ser excelente médico se a família está na UTI? O sucesso profissional deve ser uma consequência do sucesso familiar. A minha proposta é aumentar o grau de importância que damos à família, pois sempre encontraremos maneiras de estar ao lado de pessoas que são importantes para nós.

> Como posso ser mais presente em meu grupo?

É uma pergunta importante, pois exige de nós medidas práticas para a resolução do problema. Ser um indivíduo presente no lar não significa apenas dispor de um bom número de horas semanais para a família, mas sobretudo fazer com que essas horas sejam plenas, que os minutos de que dispomos num dia durem uma eternidade. Ser uma pessoa presente no lar não se traduz apenas em proximidade física, já que podemos estar fisicamente próximos e emocionalmente distantes. Quando estamos com a família, precisamos nos entregar por inteiro, aproveitar todo momento para que ela sinta o quanto é importante para nós.

Para ajudá-lo a responder à questão acima formulada, vou apresentar algumas outras que indicarão situações concretas que talvez estejam a merecer alguns cuidados de sua parte.

Há quanto tempo você não brinca ou conversa mais demoradamente com seu filho?

Quando foi a última vez que você foi ao cinema com seu cônjuge?

Porventura seus pais não estão esperando uma visita sua?

Quando foi a última vez que toda a família se reuniu para uma refeição (sem brigas)?

Tem comparecido às reuniões de pais promovidas pela escola de seu filho?

Talvez sejam perguntas duras, quem sabe você tenha concluído que se acha bem ausente do lar, porém o que importa é a oportunidade que lhe chegou de mudar esse panorama ou será que você acredita que este livro chegou às suas mãos por obra do acaso? Se dermos respostas positivas às questões formuladas, poderemos inaugurar um novo tempo na vida familiar, curando nossas relações do vazio da solidão. Não vale a pena nosso esforço?

A convivência entre pais e filhos

"Se quer que seu filho se dê bem, gaste com ele o dobro do tempo e a metade do dinheiro."[9]
ABIGAIL V. BUREN

Vivemos tempos de exigências econômicas tais que marido e mulher se veem obrigados a excessiva jornada de trabalho fora do lar para a satisfação das necessidades da família. E isso implica escasso tempo de convívio com os filhos. E, para compensar essa ausência, amiúde oferecemos a eles presentes, uma troca no mínimo curiosa, pois damos coisas em lugar de nos darmos. Nada contra presentes, é claro. Quem não aprecia recebê-los? Mas, será que, por mais lindo seja o brinquedo, teria o objeto o mágico poder de suprir a ausência dos pais junto dos filhos?

Até noto que as crianças enjoam logo de seus brinquedos, sobretudo daqueles caros, em que tudo está pronto a um apertar de botão. Elas preferem brincar com os amigos de pega-pega, esconde-esconde, brincadeiras em que a imaginação corre solta. Certa feita, perguntei ao meu filho mais novo, que à época contava com sete anos de idade, qual era o nome do brinquedo que ele mais apreciava. O menino pensou um pouco, olhou-me bem nos olhos e me deu uma resposta surpreendente:

– O meu brinquedo favorito se chama papai!

Senti um entrechoque de emoções, um misto de alegria e culpa. E a primeira indagação que me ocorreu foi saber se estava sendo um pai presente. Hoje, há muitos filhos órfãos de pais vivos. Por isso, precisamos melhorar a qualidade de nossa relação com as crianças. Se temos pouco tempo, embora sempre encontremos tempo para o que é importante para nós, façamos desse tempo o melhor possível. Que nos minutos que temos para nos dedicar às crianças sejamos tão presentes que elas tenham a sensação de que passaram o dia inteiro conosco. Se mergulharmos no mundo delas, embarcando no trem da alegria, trinta minutos de brincadeira serão suficientes para deixar a meninada cansada de nossa presença.

Ocorre que vamos para o lar levando todas as nossas inquietações do cotidiano, sobretudo as do trabalho, e tal proceder nos deixa muito dispersos dentro de casa; estamos apenas de corpo presente, mera figura decorativa. Daí ser preciso deixar o executivo no emprego, o médico no consultório, o mecânico na oficina, a secretária no escritório, o pedreiro na obra, a professora na sala de aula, para que junto dos filhos sejamos apenas o que eles mais esperam de nós: pais.

Vamos lembrar, também, que o sucesso profissional dos pais não garante a felicidade dos filhos. Podemos ser uma pessoa de renome social, mas isso não garante uma vida familiar feliz. Essa felicidade é fruto de intenso relacionamento com as crianças. No futuro, seu filho não vai se lembrar de quantos presentes você deu, porém vai recordar quantos abraços você distribuiu, vai lembrar se você esteve presente na vida dele! Isso nos parece mais importante, pois é na família que a criança tem sua primeira experiência afetiva. Se ela não se sentir amada, e, para tanto, os presentes não contam muitos pontos, provavelmente levará para a vida adulta carências emocionais, complexos de inferioridade e baixa autoestima, com prognósticos nada animadores acerca de ser feliz. Você pode ter dado a ela brinquedos, boa escola, alimentação balanceada, cursos de idioma, mas se não deu amor, e amor pressupõe convivência, sua educação se ressentiu do essencial. André Luiz advertiu:

> "Quando o berço é relegado ao abandono,
> o lar desce ao nível do inferno".[10]

É possível perceber, portanto, que a convivência entre pais e filhos é primordial e que, na verdade, o problema do relacionamento não está propriamente na questão do tempo que temos, mas sim do que fazemos com ele. Será que está sendo bem aproveitado? É rico de experiência, de contato, de conversa, de abertura, de abraços e beijos? Jamais esqueça o que disse Ralph Waldo Emerson:

> "O único presente é um pedaço de si mesmo".

LIÇÃO DE CASA

✓ Interesse-se por seu filho. Pergunte a ele como foi o dia na escola, que lições ele aprendeu.

- ✓ Participe das atividades escolares das crianças, vá às festas promovidas pelo colégio e não deixe de ir às apresentações artísticas e esportivas da meninada.
- ✓ Brinque mais com elas, permita-se rolar no chão, libere a sua criança interior e deixe-se fazer estripulias.
- ✓ Vá com elas ao cinema, ao parque; comam mais pipocas; conte histórias; brinquem no videogame; tomem mais sorvetes; andem mais descalços; brinquem na chuva; lancem o pião — enfim, as possibilidades são tantas que seus filhos vão adorar.

O que cada um é capaz de dar...

Era um casamento pobre. Ela fiava, à porta do casebre, pensando em seu marido. Quem passava, maravilhava-se com a beleza de seus cabelos negros, abundantes como os fios brilhantes que saíam da roca. Ele ia todos os dias vender frutas na feira. Sentava-se à sombra de alguma árvore, sustentando entre os dentes, enquanto esperava, seu cachimbo vazio. O dinheiro não chegava para comprar um tiquinho de tabaco.

Aproximava-se a data do aniversário de casamento e ela não parava de se perguntar como poderia presentear seu marido. Além do mais, com que dinheiro? Então uma ideia lhe veio à mente. Só em pensar nisso sentiu um calafrio, mas, ao decidir-se, todo seu corpo vibrou de contentamento: iria vender os cabelos para comprar-lhe o tabaco.

Já imaginava seu marido na praça, sentado diante das frutas que oferecia aos fregueses, dando largas baforadas no seu cachimbo: aromas de incenso e jasmim dariam ao dono da banca de frutas a solenidade e o prestígio de um verdadeiro comerciante.

Obteve apenas algumas moedas por seus belos cabelos, mas escolheu cuidadosamente o mais fino tabaco. O perfume das folhas enrugadas compensava generosamente o sacrifício da cabeleira.

À tarde, seu marido voltou à casa. Vinha cantando pelo caminho. Trazia nas mãos um pequeno embrulho: eram uns pentes para a sua mulher, que acabara de comprar ao vender seu velho cachimbo... Abraçados, riram até o amanhecer.[11]

A convivência entre os cônjuges

"Amai-vos um ao outro, mas não façais do amor um grilhão: que haja antes um mar ondulante entre as praias de vossas almas. Enchei a t aça um do outro, mas não bebais na mesma taça."[12]

GIBRAN KHALIL GIBRAN

São muito oportunas as palavras de Gibran, têm a justa medida da convivência. Verifico que, costumeiramente, andamos nos extremos, isto é, ou estamos distantes de nosso cônjuge ou estamos completamente grudados, aprisionados. Todo extremo é perigoso, pois tende ao desequilíbrio. Gibran nos propõe o caminho da convivência com liberdade. Vamos refletir sobre esse desafio neste e nos próximos capítulos.

O primeiro ponto refere-se à necessidade da convivência entre os cônjuges para que o amor se exercite. O amor só faz sentido quando há alguém para externar nosso sentimento; o próximo é o objeto de nosso desejo. Se perguntassem o que você levaria se tivesse de ir a uma ilha deserta, certamente responderia que levaria alguém e não um objeto.

Talvez pensando nisso o poeta Heine[*] tenha afirmado que Deus criou o mundo porque estava doente de amor.

É preciso se convencer de que o casamento é
um ponto de partida, não de chegada.

Essa ideia é deveras relevante. Amiúde, cônjuges que, antes do casamento, eram pródigos em carinho e companhia, depois do enlace se sentem desobrigados de continuar conquistando um ao outro. Agimos como se o casamento fosse um troféu que recebemos pela conquista de um campeonato. Só nos esquecemos que o torneio está apenas começando. Observo, com frequência, uma queixa comum dos cônjuges: o distanciamento após o casamento. Aquela proximidade intensa antes do matrimônio cede lugar a um afastamento progressivo dos parceiros, a ponto de muitas vezes gerar a própria separação.

Nós, homens, precisamos nos dar conta de que uma joia, por mais bela que seja, jamais substituirá o amor que nossa mulher espera de nós. Será que ela, em vez do brilhante, do vestido de seda, do perfume importado, não preferiria um marido mais presente na família? Muitas mulheres se queixam de que, depois do casamento, seus maridos continuam vivendo como se fossem solteiros: com frequência ainda almoçam na casa da mãe, chegam em casa tarde da noite porque ficaram com os amigos no bar, etc. Elas reclamam também

---

[*] Nascido em Düsseldorf, Alemanha, em 1797, Heinrich Heine foi um dos maiores poetas do século XIX.

que seus parceiros deixaram de ser românticos, carinhosos e bem-humorados, como eram antes do matrimônio.

Por seu turno, os maridos também reclamam que suas mulheres viraram gerentes do lar, extremamente preocupadas com a limpeza da casa, com a organização das tarefas domésticas, esquecidas de que o homem quer encontrar no lar a mulher com quem se casou, e não a empregada em que muitas se transformaram. Mulheres, não fiquem neuróticas por causa da casa, que será limpa hoje, mas voltará a sujar logo mais.

O amor necessita de cultivo, tal como a terra precisa ser arada para florescer, pois do contrário a vida conjugal corre sério risco de enfraquecer e desaparecer para sempre do nosso coração. O ambiente no lar é mais importante do que a limpeza da casa. Aliás, a palavra lar, na origem, sempre esteve associada ao fogo[13], daí surgindo "lareira", que nos remete à ideia de que a vida no lar deve ter calor no relacionamento, ser acolhedora como uma lareira, vibrante como o fogo. Todavia, há lares gélidos, edificados com o mármore da indiferença e o telhado do silêncio. Não há relacionamento conjugal que suporte blocos de gelo entre os parceiros.

Curar a família será muitas vezes degelar o relacionamento.

Como se disse, o casamento não é o topo final do relacionamento, ao revés, é apenas a linha de partida. Depois dele é que se precisará ter maior dose de conquista, de cumplicidade, de paixão, de namoro, sob pena de a rotina destruir os vínculos afetivos que se formaram no período que antecedeu ao casamento. Quando o afeto vai embora, pouca coisa resta na vida a dois.

LIÇÃO DE CASA

- ✓ Convide seu cônjuge para tomar um sorvete, assistir a um filme, passear de mãos dadas num parque, dar mais beijos e abraços.
- ✓ Prepare uma refeição especial para seu cônjuge (isso vale também para os homens).
- ✓ Saiam juntos para ouvir música ou dançar.
- ✓ Façam uma viagem para comemorar o aniversário de casamento.
- ✓ Deem-se presentes inesperados.
- ✓ Declarem seu amor todos os dias.

Conviver não é aprisionar

*"Promete não deixar a paixão fazer
de você uma pessoa controladora, e sim
respeitar a individualidade do ser amado,
lembrando sempre que ele não pertence a
você e que está ao seu lado por livre
e espontânea vontade?"*
MÁRIO QUINTANA

Se a convivência é elemento indispensável ao êxito da vida no lar, disso não resulta que iremos exigir que o familiar esteja conosco o tempo inteiro, que ele respire o mesmo ar, ande à nossa sombra, que jamais saia das nossas vistas. Conviver não significa prender, impedir o companheiro de ter seu espaço natural de liberdade. É preciso estar junto, mas deve haver espaço nessa união, como aconselhou Gibran aos cônjuges:

"Cantai e dançai juntos, e sede alegres, mas
deixai cada um de vós estar sozinho".[14]

Não podemos transformar o nosso amor em prisão, em algema que cerceia a liberdade do ser amado. Amor é pássaro que não vive em gaiolas. Aliás, tenho certeza de que pássaro detesta gaiola. Isso já sentiu o poeta Rubem Alves: "Pássaro, eu não amaria quem me cortasse as asas. Barco, eu não amaria quem me amarrasse no cais".[15]

Há muitos maridos que encarceram emocionalmente a mulher, não permitindo que ela encontre a própria razão de existir. Há mulheres que cerceiam a liberdade do marido com receio de perdê-lo. Quando a liberdade é negada, o amor bate em retirada. O cônjuge prisioneiro pode até se conformar à tirania do outro, porém sua alma emudecerá, perderá o brilho da paixão. Teremos em casa não uma pessoa livre, mas um prisioneiro de guerra tomado de rancor.

É interessante ainda observar que, curiosamente, quanto mais prendemos, mais perdemos a pessoa amada (veja como se aproximam os vocábulos *prender* e *perder*); quanto mais livre ela se encontra, mais próxima de nós estará. O amor tem dessas coisas, não vai bem com correntes e muros. Ele só sobrevive com liberdade, só é pleno quando o pássaro deixa a gaiola e encontra o céu da própria vida. Por isso, em nome da convivência, não ponha grades em seu companheiro. Deixe sua mulher seguir a profissão a que ela aspira, deixe que tenha a religião que lhe faz bem, permita que ela tenha os seus momentos com os amigos e familiares. Da mesma forma, que a mulher não se zangue com o futebol do marido, com o jantar entre os amigos, com os instantes em que ele se dedica à leitura do jornal. Até será preciso respeitar os momentos em que o nosso cônjuge necessite apenas de silêncio. Conquanto esteja casado, ele não perdeu a privacidade. Todo mundo tem o direito de, vez ou outra, ficar alguns instantes a sós. E a nós compete respeitar esses momentos.

Vamos lembrar que a liberdade é o oxigênio do amor.

É certo, todavia, que essa liberdade não é irrestrita, sem limites, pois afinal de contas cada um no momento do casamento decidiu-se por uma vida em comum, o que implica a existência de regras para a boa convivência, como fidelidade, atenção e respeito ao cônjuge. Por isso, marido e mulher precisam encontrar um entrosamento de amor com liberdade. Para tanto, é oportuno aos cônjuges vivenciarem esse magno conselho de Jesus: "Como quereis que os outros vos façam, fazei também a eles"*. É o que basta para solucionarmos qualquer conflito dentro de casa.

---

* Lucas: 6,31.

Um tempo a mais

No parque, uma mulher sentou-se ao lado de um homem em um banco perto do playground.

— Aquele, logo ali, é meu filho — disse ela, apontando para um pequeno menino usando um suéter vermelho e que deslizava no escorregador.

— Um bonito garoto — respondeu o homem, que completou: — Aquela, usando vestido branco, pedalando a bicicleta, é minha filha.

Então, olhando o relógio, o homem chamou a menina:

— Filha, o que você acha de irmos?

A garota suplicou:

— Mais cinco minutos, pai. Por favor. Só mais cinco minutos.

O homem concordou e Melissa continuou pedalando sua bicicleta, para a alegria de seu coração.

Os minutos se passaram, e o pai levantou-se novamente e falou para a filha:

— Hora de ir, agora?

Outra vez ela pediu:

— Mais cinco minutos, papai. Só mais cinco minutos.

O homem disse: — Está certo!"

— O senhor certamente é um pai muito paciente! — falou a mulher.

O homem, com um sorriso um tanto melancólico, falou:

— O meu filho mais velho foi morto por um motorista bêbado no ano passado, quando pedalava sua bicicleta perto daqui. Eu nunca passei muito tempo com ele e agora eu daria qualquer coisa por apenas mais cinco minutos com meu filho. Eu me prometi não cometer *o mesmo erro com a irmã dele. Ela acha que tem mais cinco minutos para andar de bicicleta. Mas, na verdade, eu é que tenho mais cinco minutos para vê-la brincar.**

---

* Disponível em: <http://www.momento.com.br>. Acesso em: 15/04/2005.

Quanto tempo ainda teremos?

"A eternidade não é o que vem depois. Eternidade não tem nada a ver com o tempo. Se você não a alcançar aqui, não fará isso em lugar nenhum. A experiência da eternidade aqui e agora é a função da vida. O paraíso não é o lugar para experimentá-la; o lugar para isso é aqui."[16]

JOSEPH CAMPBELL

Para que a convivência no lar seja uma experiência enriquecedora, será preciso que se tenha a constante lembrança de que a relação do grupo familiar é passageira. Aliás, a nossa própria estada no planeta também é temporária. Somos eternos, é verdade, mas isso não significa eternidade da nossa atual experiência terrena. Somos um espírito eterno, e diversas religiões professam a imortalidade da alma, porém nossa condição de marido, esposa, filho, pai ou mãe é provisória. Diria que não somos pais, mas "estamos" pais. Não somos cônjuges, "estamos" cônjuges, porque tais condições deixarão de existir quando do término de nossa passagem pelo planeta Terra*.

---

* Segundo os ensinamentos da Doutrina Espírita, a morte não significa o aniquilamento do espírito, pois este voltará ao plano físico pela lei da reencarnação, assumindo um novo corpo para novas experiências evolutivas.

> O que noto, todavia, é que vivemos como
> eterna uma situação que é provisória.

Esse equivocado modo de viver nos leva a desprezar o tempo e a oportunidade da convivência, a sempre adiar a demonstração de nosso amor pelo outro, como se tivéssemos todo o tempo do mundo para estar ao lado de nossos companheiros de jornada familiar. Daí por que Campbell afirmou que a eternidade não é o que vem depois, é o que fazemos aqui e agora.

Durante algumas semanas, eu visitava semanalmente um amigo que se achava muito doente, em estágio terminal. Sua esposa certa feita me disse: "De Lucca, estou curtindo cada minuto de nossa vida conjugal, dos poucos que ainda nos restam, aproveitando todos os momentos. Valorizo cada palavra de meu esposo, um olhar que ele me dá é rico de beleza e plenitude. Nunca amei tanto o meu marido como hoje, nunca havia percebido que ele era uma pessoa tão especial. Pena que descobri isso um pouco tarde". Ela descobriu o que Vinícius de Moraes escreveu com tanta sabedoria:

> "Que não seja imortal, posto que é chama,
> mas que seja infinito enquanto dure".[17]

Com frequência, ouço desabafos de pessoas arrependidas de não terem aproveitado o relacionamento conjugal como deveriam, pois não contavam com a possibilidade de um dia a experiência chegar ao fim. E porque esse amor não foi infinito, pleno, zeloso, atento, hoje, aos prantos, lamentam o tempo perdido em discussões pueris. Lastimam os abraços e beijos que não deram, as músicas que não dançaram, os poemas que não declamaram e os bilhetes de amor que não escreveram. Queixam-se, ainda, das ofensas que não perdoaram e das desculpas que não pediram. Era por isso que Chico Xavier sugeria aos amigos que fossem vez ou outra a um cemitério ou a um velório; a recomendação tinha por objetivo permitir que pudessem refletir sobre a transitoriedade da experiência terrena e tivessem melhor aproveitamento do tempo. Chico sabia que a maior agonia de um espírito quando atravessa os portais da morte é a consciência do tempo não aproveitado!

Pare para pensar e reflita numa pergunta muito importante: quanto tempo você acha que ainda vai dispor para estar ao lado de seus familiares? Poderá garantir que terá mais trinta anos? Ou vinte? Quem sabe cinco? Ou talvez uma hora? Cinco minutos, quem sabe? Tudo é imprevisível. Não temos garantia de nada. A única coisa que podemos garantir é o momento presente. É preciso levar a sério a música do *Legião Urbana*:

"É preciso amar as pessoas como se não houvesse amanhã!".

E se porventura amanhã fosse o último dia de sua vida? Pense nisso. Será que você iria novamente fazer hora extra no trabalho? Ou teria uma nova discussão com o marido? Quem sabe, implicaria com a mulher por causa da comida salgada? O que você faria? (não prossiga a leitura sem responder a essa pergunta).

Imagino que você tenha encontrado coisas muito importantes a fazer, coisas simples que estão bem debaixo de seu nariz. Acredito que você iria querer ficar bem pertinho da mulher ou do marido, dos filhos, dos pais, ouviria música, contaria histórias, daria boas risadas, rolaria no chão com as crianças, beijaria as mãos calejadas de seus pais, pediria perdão pelos equívocos — enfim, daria importância ao que é realmente importante. Por isso, não espere um minuto mais para cuidar do que é essencial na vida, não adie tudo aquilo que você gostaria de fazer e que, amanhã, poderá não ter mais a oportunidade.

Lembrei-me de um conselho matinal que minha mãe nos dava quando insistíamos em ficar dormindo: "Levantem, crianças, vamos viver a vida, que a morte é certa".

Quanta sabedoria!

LIÇÃO DE CASA

Comprometa-se a dar a alguém de sua família mais cinco minutos de seu tempo, ainda hoje!

Separar ou não separar, eis a questão... (1)

> *"Devemos entender que, em efetuando casamento, cada um de nós não está criando uma união de anjos e sim um ajuste respeitabilíssimo de criaturas humanas em que um e outro cônjuge apresentam determinadas nuances de incompreensão, às vezes de grandes dificuldades, que devem ser compreendidas pela outra parte no campo das relações recíprocas."*[18]
>
> CHICO XAVIER

Com frequência, muitos casais se defrontam com o drama de uma separação conjugal, cuja decisão poderia ser comparada a uma tela pintada com tintas mescladas de ódio, mágoa, medo e desilusão; amiúde são momentos de intenso sofrimento. Nessas horas, uma dúvida toma conta do casal ou de pelo menos de um dos cônjuges: devemos nos separar? Para responder a essa indagação muito comum, precisamos evitar dois extremos sempre inconvenientes em matéria de separação: a precipitação e a protelação. Neste capítulo, vamos pensar sobre a precipitação; no próximo, sobre a protelação.

Há casais que se separam prematuramente. Ao menor contratempo que enfrentam na vida conjugal, optam por rompê-la, demonstrando imaturidade emocional. O casamento apresenta desafios diários aos cônjuges. É o desafio da convivência, da aceitação, da compreensão, do perdão. São os embates financeiros, as preocupações com os filhos, a convivência com os parentes difíceis — enfim, porfias não faltam na relação familiar. É natural, portanto, que o casal tenha conflitos, visões diferentes sobre esses mais diversos desafios da vida conjugal, sem que isso represente motivo para a separação. Além do mais, no momento em que descortinamos os véus da espiritualidade sobre a união matrimonial, vamos observar, com Emmanuel, que é no casamento que se operam burilamentos e reconciliações endereçadas à precisa sublimação da alma[19].

> Isso quer dizer que, como regra, não existem uniões conjugais ao acaso e que marido e mulher se uniram com o objetivo de mutuamente contribuírem para a evolução espiritual do outro, aperfeiçoando experiências iniciadas em outras existências e que nem sempre chegaram a bom termo.[*]

Daí podemos concluir que são esperados desafios no campo familiar, são experiências de burilamento interior pelas quais aprenderemos a exercitar, por exemplo, paciência, com-

---

[*] De acordo com o Espiritismo, todos os espíritos tendem à perfeição, e Deus lhes proporciona os meios de consegui-la com as provas da vida corpórea. Mas, na sua justiça, permite-lhes realizar em novas existências aquilo que não puderam fazer ou acabar numa primeira experiência.

preensão, aceitação e, com isso, alcançar a evolução espiritual, meta para a qual todos estamos comprometidos. E desafios surgem para serem superados e não para sermos vencidos por eles.

Não raro, voltamos à cena do lar para reconciliações com almas a quem prejudicamos em encarnações anteriores. Os pais tiranos de hoje são aqueles filhos do passado com quem fomos intolerantes e egoístas. Já o filho rebelde de hoje é o mesmo irmão que ontem arrojamos à delinquência. O marido desleal de hoje, em muitas circunstâncias, é o mesmo esposo do pretérito a quem traímos com nossos próprios exemplos menos felizes. A esposa desorientada de agora é a mulher que menosprezamos em outra época, obrigando-a a resvalar no poço da loucura[20].

Quando reiniciamos uma nova experiência familiar pelas portas da reencarnação, temos a oportunidade de promover uma transformação interior (nossa!), removendo comportamentos inconvenientes e posturas de vida intransigentes que trazemos no íntimo de nós mesmos, e de nos reconciliar com todos aqueles que dividirem a experiência abençoada de viver em família.

> A ideia de carma, muitas vezes invocada nos
> conflitos familiares, não pode servir de desculpa
> para nosso comodismo diante da parentela.

Ao contrário, deve servir de estímulo à mudança de nossa conduta diante deles, no sentido de conquistá-los pelo amor, e não simplesmente suportá-los com queixas e lamúrias, como se fôssemos vítimas. O carma nos convida à transcendência da situação aflitiva, não à sua manutenção. Isso tudo foi dito para que evitemos qualquer atitude de precipitação quando o casamento atravessar momentos de turbulências. Fugir dos compromissos afetivos assumidos poderá significar perda de valiosa oportunidade na história espiritual de nossas vidas. Nessas horas graves, vamos usar os remédios certos para a cura dos problemas familiares. Na "farmácia" do Evangelho, o maior terapeuta familiar que o mundo conheceu deixou prescrita a seguinte receita:

- ✓ cápsulas de paciência (tomá-las de hora em hora);
- ✓ drágeas de aceitação (ingeri-las preferencialmente quando for contrariado);
- ✓ tintura de perdão (tomá-la assim que for ofendido);
- ✓ comprimidos de diálogo (ingeri-los antes das discussões);
- ✓ injeção de fé (tomar nos dias de desespero);
- ✓ pomada do respeito (passar três vezes ao dia).

Eis a receita, Jesus é o médico, nós somos os pacientes e o lar é o laboratório onde o sentimento de amor vai desabrochando um pouquinho por dia. Todo aquele que cultiva roseiras vai se defrontar com rosas e espinhos. Prefira as rosas, apesar dos espinhos...

Separar ou não separar, eis a questão... (2)

> *"O divórcio é uma lei humana, cuja*
> *finalidade é separar legalmente o que já*
> *estava separado de fato. Não é contrário à lei*
> *de Deus, pois só reforma o que os homens*
> *fizeram, e só tem aplicação nos casos em que*
> *a lei divina não foi considerada."*
> O Evangelho Segundo o Espiritismo[21]

Se é certo que a separação não pode ser vista como a primeira solução para os problemas conjugais, não devendo por isso ser facilitada, não menos certo é que, em dadas circunstâncias, é medida que pode representar um recurso, não uma solução, para se evitar um mal maior. Não é incomum o cônjuge já ter tentado de tudo para a harmonia do relacionamento afetivo, mas o companheiro ou a companheira insiste em se comportar com violência, crueldade, menosprezo ou deslealdade.

Quando todos os recursos de convivência harmoniosa tiverem se esgotado, é possível que se cogite acerca da separação, a fim de que se evitem maiores prejuízos para o cônjuge relegado ao sofrimento, bem como para a prole. Por vezes, esses prejuízos podem chegar ao homicídio, ao suicídio, às agressões físicas e, nesses lances, a separação surge à maneira de abençoada providência.

> É de Emmanuel a opinião de que a sabedoria divina jamais institui princípios de violência, dispondo o cônjuge da faculdade de interromper, transitoriamente, o desempenho dos compromissos abraçados.[22]

Mesmo não havendo perigo de danos corporais, há casos em que os laços afetivos foram rompidos de tal forma que a convivência se tornou insuportável para os cônjuges e para os filhos. O casamento é apenas um simulacro; tem aparência, mas não tem essência, porque, de fato, já não há mais vida em comum. Nesse caso, a separação judicial limita-se a dar efeito jurídico a uma situação já consolidada entre os cônjuges.

Uma questão surge com frequência: até que momento se deve tentar manter o casamento? Qual o momento de partir para a separação? Não temos uma resposta-padrão, não há gráficos que possam medir o grau de suportabilidade de um relacionamento. Por isso, ficamos com Divaldo P. Franco ao afirmar que somente cada um dos cônjuges poderá avaliar qual é o limite de suas forças em manter um relacionamento conflituoso[23]. Esse limite, é óbvio, varia de pessoa a pessoa. Umas são mais heroicas, outras mais frágeis, daí porque jamais poderemos dizer ao outro que ele deve, ou não, decidir-se pela separação. A nós compete apenas a obrigação de respeitar-lhe o livre-arbítrio, já que nossos limites podem não coincidir com os limites da pessoa envolvida no conflito. O que

Com os olhos do coração

temos a evitar, como regra geral, é a precipitação na decisão de separar-se, como visto no capítulo anterior.

Que fique bem claro, todavia, que, na maioria dos casos, o que houve foi uma interrupção de um relacionamento que, futuramente, em nova existência, haverá de ser retomado. A lei é de equilíbrio, de modo que toda desarmonia afetiva carece ser restaurada pelo amor. Isso não quer dizer que marido e mulher voltarão, necessariamente, na condição de cônjuges; pode ser que retornem como pai e filha, ou mãe e filho, quem sabe irmãos — enfim, a inteligência divina saberá a melhor situação para que haja a reconciliação dessas almas.

> Uma vez decidida a separação, convém que o casal busque todos os meios possíveis para que ela se faça de forma amigável.

O desquite, por si só, é muito sofrido, pois nele está embutida a ideia de um projeto de vida fracassado, sem ainda contar as mágoas e ressentimentos de parte a parte. Agora imaginem esse conflito sendo levado aos tribunais numa separação litigiosa, cujo desfecho pode demandar vários anos de tramitação do processo, com várias audiências, testemunhas, recursos — enfim, um desgaste emocional em acréscimo àquele que a própria separação em si já causou; um sofrimento que pode e deve ser evitado com a separação consensual.

Outro aspecto relevante refere-se ao fato de que, muitas vezes, os cônjuges acreditam que com a separação a família acabou. É um engano lamentável, sobretudo cometido por aquele que não ficou com a guarda das crianças. Em muitos casos, a separação implicou para os filhos não apenas a desunião dos pais, mas também a morte de um deles, já que, depois do desquite, raramente se encontra com a prole; tornam-se órfãos de pais vivos...

> É preciso que se tenha clareza para o fato de que a separação não destruiu a família. Rompido o casamento, os filhos continuam filhos e os pais continuam pais, com as mesmas responsabilidades, aliás agora aumentadas pois terão de envidar esforços redobrados para tentar, juntos, minimizar os efeitos prejudiciais da separação.

Aconselha a psicóloga Rosely Sayão, com larga experiência no assunto, que os pais separados precisam estar atentos à maneira pela qual os filhos reagirão ao fato, ajudando-os a suportar as frustrações que a vida lhes apresenta, e a enfrentar as perdas indesejadas. Afinal, para isso continuam dependendo dos pais[24].

Qualquer coincidência...

João e Maria se amavam tanto que por isso resolveram subir ao altar. Após o "sejam felizes para sempre", porém, surgiram as diferenças. João adora futebol, Maria não suporta. Ela adora dançar, ele não consegue sair do chão. João é católico, Maria espírita. Ele quer ir à missa, ela ao centro. Discutiam muito por isso e, no fim, nem ela comparecia ao centro nem ele ia à igreja.

João adora um churrasco, Maria é vegetariana. Ela é metódica, ele desorganizado. João joga bola nas tardes de sábado; chega em casa exausto, só quer banho e cama. Maria, porém, está pronta para dançar. Nova discussão. Ela passou a odiar o futebol do marido e ele a detestar os bailes da mulher. Nem na preferência musical combinavam. Ele adora pagode; ela prefere as clássicas. Apesar de tudo, não desistiam, tinham fé em que um dia haveriam de mudar o outro...

Sem aceitação, não há solução

*"Aceite os parentes difíceis na base da
generosidade e da compreensão, na certeza
de que as Leis de Deus não nos enlaçam
uns com os outros sem causa justa."*[25]
ANDRÉ LUIZ

A história de João e Maria é a história de muitos casais. Por isso vamos analisar neste e nos próximos capítulos o ponto vital para uma vida familiar prazerosa: a aceitação das pessoas que convivem conosco. Aliás, a aceitação é um imperativo do bem-viver, uma virtude que cai bem em qualquer relacionamento, sem a qual a vida se torna áspera demais. Se formos pessoas inflexíveis, nos tornamos muito exigentes com os outros, e, por que não dizer, com nós mesmos também. Não por outra razão o psicólogo americano David Niven incluiu a aceitação como um dos segredos das pessoas felizes. Afirma o doutor Niven que somos uma mistura extremamente complexa de capacidades e limitações[26]. Enfim, somos diferentes uns dos outros, e isso talvez seja a única coisa que as pessoas têm em comum. Essa diversidade exige, de nós, dentre outras coisas, aceitação, compreensão e generosidade.

Como juiz, pude perceber que muitos casais chegam à separação porque os cônjuges não conseguem aceitar um ao outro. Em muitos casos, notei que a razão do divórcio não foi a dificuldade econômica, o desemprego ou a falta de amor, mas a intolerância em relação ao modo de ser do parceiro.

A dificuldade em aceitar o próximo reside no fato de que ele é diferente de nós, tem características diversas das nossas, e isso nos desagrada profundamente. Queremos, em última análise, que o outro pense, sinta e aja como nós, que ele seja nossa imagem e semelhança. Pretendemos, de acordo com o dito popular, que o nosso familiar leia na nossa cartilha. Basta ver quantos pais sonham com seus filhos seguindo a mesma carreira profissional que abraçaram. Se são advogados, médicos ou engenheiros, sentem um calafrio só de pensar que os filhos venham a ser artistas ou pedreiros.

Penso que Leo Buscaglia tem inteira razão ao afirmar que passamos incontáveis horas do dia tentando fazer com que os outros sejam aquilo que está de acordo com nossa conveniência[27]. E muitas vezes assim agimos em nome do amor! Mas que amor será esse que busca de todas as formas mudar o outro? Que manipula de todas as maneiras para que ele se transforme em quem ou naquilo que pensamos necessitar? Eu canto mais uma vez com o *Legião Urbana*: "Acho que isso não é amor..."

Temos um modelo ideal de par amoroso, geralmente um sonho que projetamos na infância e que levamos para a idade adulta com a expectativa de que nosso par amoroso entre em nosso manequim. Você se recorda de que no primeiro capítulo deste livro, ao abordar a necessidade de estar casado consigo mesmo, mencionei que, amiúde, exigimos do cônjuge o que não damos a nós mesmos? Por imaturidade emocional, tendemos a exigir que os outros supram as nossas necessidades e, por isso, idealizamos um modelo perfeito de par afetivo que deve preencher nossas expectativas. O pior é que sonhamos muito alto e nem consultamos as pessoas para saber se elas estão dispostas a preencher nossas carências.

Em regra, a mulher idealiza um homem alto, forte, romântico, que lhe aparece mascarado, montado num cavalo branco e que lhe dê proteção e amor vinte e quatro horas por dia e que, de preferência, não goste de futebol, carro e computação. Já o homem sonha com a mulher exuberante, modelo fotográfico, sensual, cheia de curvas, meiga, perfumada, cabelos longos e elegantemente penteados, que fale somente o essencial, que seja econômica e que, de preferência, cozinhe como sua mãe (ele sempre se lembra da mãe).

Entretanto, não podemos obrigar que as pessoas vivam as nossas fantasias de perfeição, que se encaixem em nossos modelos pelo fato de que cada ser carrega uma individualidade própria, diversa de todos os demais. Será preciso mais uma vez lançar um olhar transcendente sobre o assunto, recordando que somos espíritos que já experimentaram múltiplas experiências precedentes a esta encarnação, o que explica a diversidade de tendências que cada um carrega em si. Uma visão materialista, porém, pretende uniformizar as pessoas, padronizá-las, o que seria extremamente sem graça. Mas, como somos espíritos eternos, momentaneamente vestidos de um corpo, e que já experimentamos outras situações em vidas passadas, somos o produto dessas centenas de vivências, por isso não cabemos nos modelos que os outros construíram para nós ou que edificamos para os outros visando à satisfação dos nossos caprichos.

> É preciso acabar com as fantasias e projeções afetivas, dar
> fim ao sonho de amor e mergulhar numa coisa infinitamente
> mais fantástica ainda que é a pessoa real, concreta, de
> carne e osso, com quem decidimos conviver, com todas
> as suas capacidades, com todas as suas limitações.

Para isso, é preciso assumir a nossa própria experiência de vida, com o que estaremos aceitando a experiência dos outros, pois, afinal de contas, afirma Carl Rogers, "ninguém se queixa da água por ser úmida, nem das rochas por serem duras...".[28]

Tirando proveito das diferenças

*"As coisas não costumam ser totalmente
boas, nem totalmente más, nem costumam
estar absolutamente certas ou erradas.
A vida não é assim tão simples. As
respostas e as soluções que buscamos
costumam encontrar-se em algum
lugar entre os opostos."[29]*
LEO BUSCAGLIA

Somos pessoas diferentes umas das outras. Ninguém tem a mesma impressão digital, nem o mesmo timbre de voz. Somos seres únicos. Essas diferenças também se acentuam entre os sexos masculino e feminino. O escritor Rodolfo Calligaris aconselha aos cônjuges conhecerem a natureza psicológica do sexo de seu companheiro, "pois, quase sempre, as desavenças matrimoniais resultam de os homens pretenderem que suas companheiras pensem, sintam e ajam à sua maneira, e vice-versa"[30].

Tais diferenças não são apenas fisiológicas, mas também psicológicas, e são tão marcantes que o terapeuta de casais John Gray escreveu um precioso livro sobre o assunto, cujo título ilustra bem essa realidade: *Homens são de Marte, mulheres são de Vênus*[31]. Gray chama a nossa atenção para o fato de que homens e mulheres vivem em realidades emocionais diferentes; seus cérebros amam de maneiras bastante distintas. Recuperar a paz familiar depende de nossa disposição em compreender e aceitar essas diferenças. Vejamos algumas delas:

- ✓ "O homem tem a percepção global; a mulher dos pormenores;
- ✓ O homem é mais racional; a mulher é mais intuitiva;
- ✓ Quando enfrentam problemas, o homem tende a se fechar, recolher-se, ao passo que a mulher prefere desabafar e 'discutir a relação'. Ele se fecha, ela se abre;
- ✓ O homem tem sede de aventura; a mulher de estabilidade;
- ✓ O homem busca conquistar e proteger; a mulher procura atrair e ser protegida;
- ✓ O homem se interessa mais por conquistas exteriores (carro, casa, emprego, campeonatos esportivos, computador, etc.); a mulher prefere as pessoais (expressar sentimentos, interesses religiosos e uma boa qualidade nos relacionamentos)".

Essa diversidade, ao contrário de ser um problema, é fundamental para o equilíbrio das relações conjugais. O aventureiro do marido encontra um freio no desejo de estabilidade da esposa. Já pensou se os dois fossem arrojados? Imagine agora se os dois fossem falantes? Ou então calados? Haveria por certo um desequilíbrio. Pense em marido e mulher querendo discutir a relação a toda hora, seria insuportável. Mas também não daria para aturar marido e mulher

Com os olhos do coração

falando de futebol e política a todo momento. E se os dois fossem racionais, analíticos, quem aguentaria esse casal? Benditas diferenças!

Além do mais, precisamos da diferença a fim de poder desenvolver aspectos adormecidos de nossa personalidade. Na história de João e Maria, narrada anteriormente, notamos a oportunidade que ele terá com a esposa de aprender algo sobre música clássica. Já Maria terá o ensejo de conhecer um pouco mais sobre música popular. O homem aprenderá com a mulher a se expressar mais no relacionamento, expondo as emoções, as inseguranças, e com isso terá menor probabilidade de sofrer um enfarte do miocárdio, cuja incidência é bem superior no sexo masculino. A mulher, por sua vez, aprenderá com o homem um pouco de recolhimento, de quietude interior, de racionalidade, não se expondo em demasia com desabafos constantes e dramáticos, evitando, assim, ansiedades desnecessárias que tanto perturbam o sistema endócrino.

Sem perder a masculinidade, o homem poderá desenvolver mais a sensibilidade, a intuição, a ternura, por exemplo. As mulheres preferem homens másculos, porém sensíveis. Nada de trogloditas, elas protestam. Já a mulher, sem deixar de ser feminina, terá o ensejo de apurar sentimentos de garra, força, decisão, praticidade e racionalidade. Os homens tendem a fugir de mulheres frágeis e dependentes.

Quem ganha, portanto, com as diferenças? Óbvio que os dois.

Todavia, esse ganho só ocorre se os cônjuges aceitarem
a experiência da diversidade, se deixarem a posição

> prepotente de "professores" no lar, para assumirem
> a condição de aprendizes um do outro.

E isso vale também para a relação com os filhos. Esse estado, que é de pura humildade, possibilita-nos um clima familiar de interação vibrante, e a razão disso é saber que juntos somos melhores que separados.

LIÇÃO DE CASA

> *"Você tem de ser capaz de afirmar*
> *com sinceridade: 'o fato de nós vermos as*
> *coisas de maneiras diferentes constitui um*
> *ponto forte — não um ponto fraco —*
> *do nosso relacionamento'".*[32]
>
> STEPHEN R. COVEY

$\mathcal{O}$ que a aceitação não é

*"Diminuir suas expectativas não é a
mesma coisa que reduzir seus padrões."*[33]
RICHARD CARLSON

A aceitação aqui sugerida não significa submissão ou impossibilidade de expressar a própria personalidade. Aceitar não implica estar de acordo com formas de proceder equivocadas e nocivas que nosso familiar venha a adotar. Se o marido costumeiramente chega em casa embriagado, a aceitação aqui recomendada não quer dizer que a mulher tenha de concordar com tal comportamento. Se o filho faz uso de drogas, os pais não podem jamais aceitar o vício; aceitam o filho, apenas. Se a esposa é dada à jogatina, que o marido não lhe ponha dinheiro na mão. A aceitação se dirige mais à pessoa do que aos fatos a que ela se permite. Será preciso distinguir o ato da pessoa que o comete. Foi essa a lição oferecida por Jesus no episódio da mulher adúltera. Depois de livrá-la da morte por apedrejamento, Jesus afirmou que não a condenava (aceitou-a); todavia, recomendou que ela não voltasse a praticar o mesmo erro (não concordava com o adultério).

É preciso que haja entre o casal um consenso mínimo
a respeito dos princípios básicos da relação que ambos

> haverão de respeitar. Valores fundamentais como fidelidade
> mútua, amor e respeito, se acaso transigidos, atingirão
> o núcleo da relação, fulminando-a severamente.

Cada parceiro saberá, porém, o limite das próprias forças em suportar uma relação atingida na sua essência.

A aceitação tem excelente campo de aplicação nas diferenças não essenciais do relacionamento, impedindo que elas venham a afetar negativamente a família. É o que também afirma Anna Saslow, ao se referir ao fato de que casais felizes conseguem deixar de lado o que não tem tanto valor, só porque isso agrada ao seu par[34]. Por exemplo: aprecio a culinária japonesa, porém minha esposa não tem a mesma predileção. Quando sinto vontade de comer um sushi, ela, por diversas vezes, acompanha-me ao restaurante, e me diz que importante é o prazer de estar ao meu lado. O simples fato de ela não gostar da mesma comida não impede que eu realize minhas vontades gastronômicas e tampouco nos priva da convivência familiar no sagrado momento das refeições.

Certo, porém, que, em nome da aceitação que o cônjuge nos deve, não passemos a viver em completo descaso para com as suas necessidades. Se o marido gosta de jogar o seu futebol, que a mulher não lhe ponha empecilho, porém que ele não resolva jogar todos os sábados à noite. Se nas férias o marido quer viajar ao campo e a mulher à praia, será preciso que alguém ceda, pois do contrário a família não estará junta. Agora, não é saudável para o relacionamento que o abnegado seja sempre o mesmo cônjuge, como costuma acontecer. Neste ano vamos à praia, no próximo ao campo. Ou então vamos

Com os olhos do coração

encontrar um local que possa satisfazer aos dois interesses. Por isso, a aceitação que o parceiro nos deve não dispensa o nosso exercício de renúncia e respeito aos interesses do côn-juge. Essa é a corda bamba na qual o equilíbrio pede bom senso de parte a parte.

A mulher perfeita...

Um homem saiu pelo mundo à procura da mulher perfeita. Depois de dez anos de busca, resolveu voltar à sua aldeia. Seu melhor amigo lhe pergunta:

— Encontrou a mulher perfeita em suas andanças?

O homem responde:

— Ao sul, encontrei uma mulher linda. Seus olhos pareciam duas pérolas, seu cabelo era da cor da asa da graúna, seu corpo era lindo como o de uma deusa.

O amigo, entusiasmado, diz:

— Onde está sua esposa?

— Infelizmente, ela não era perfeita, pois era muito pobre...

Então fui para o norte e encontrei uma mulher que era a mais rica da cidade. Não tinha nem noção do poder e do dinheiro que tinha.

O amigo:

— Então, essa era perfeita?

— Não — respondeu o homem. — O problema é que nunca vi criatura mais feia em toda a minha vida... Mas, finalmente, no sudeste, conheci uma mulher linda. Sua beleza era de ofuscar os olhos, tinha muito dinheiro, era perfeita.

— Então, você se casou com ela, não é, amigo?

— Não, porque, infelizmente, ela também procurava o homem perfeito.[35]

Gostando de gostar

"Se desejamos criar relacionamentos duradouros com as pessoas, devemos começar por estarmos felizes com o que elas são."[36]
LEO BUSCAGLIA

Abro este capítulo para afirmar que praticar a aceitação envolve lidarmos com o orgulho. Se quisermos sempre estar com a razão, se tivermos um elevado grau de expectativa em relação ao nosso grupo, dificilmente teremos um relacionamento familiar feliz. Se acharmos que somos o centro do universo, que tudo e todos devem girar em torno de nós, poderemos esperar apenas uma vida familiar de sofrimento. Aliás, vivemos em família também para experimentarmos algum contraste, pois a partir desse saudável entrechoque de ideias e de diferentes modos de viver acabamos por diminuir nosso egoísmo, a causa maior de todos os nossos sofrimentos.

Eu mesmo posso testemunhar que, depois que me casei, precisei rever vários conceitos de vida, tornando-me, pela necessidade da boa convivência, mais tolerante com as pessoas à minha volta; precisei, vamos assim dizer, flexibilizar minha maneira de ser. Antes de me casar, por exemplo, não gostava de algazarras, de crianças gritando por perto... festinha de aniversário infantil, nem pensar. Mas nada como ter filhos, não é verdade? Hoje entendo o que expressou Vinícius de Moraes: "Filhos... Filhos? Melhor não tê-los! Mas se não os temos, como sabê-lo?"[37]

Quais seriam os caminhos que nos podem levar a uma vida de maior aceitação? Leo Buscaglia, uma das maiores autoridades mundiais em relacionamento afetivo, afirmou ser importante uma boa dose de contentamento com os nossos familiares, do jeito que eles são. Será que estamos felizes com o modo de ser de nossos familiares? Geralmente, a resposta é negativa, porque temos uma lista imensa de reclamações a fazer e de mudanças a esperar.

> Julgamos que, por ora, eles ainda não podem ser amados porque não são como gostaríamos. Então, não há contentamento, não há amor, não há felicidade familiar, há tão somente desejo, espera, ansiedade.

Pare um pouco para pensar e veja a sua lista; talvez ela tenha o tamanho de sua infelicidade familiar.

Certa feita, fui procurado por uma senhora que se queixava do marido, dizendo-se insatisfeita no casamento. Indagada sobre o motivo de sua insatisfação, reclamou que ele não a acompanhava à igreja. Ela vinha insistindo com ele fazia mais de dez anos, porém o marido preferia ficar em casa fazendo palavras cruzadas. Perguntei-lhe se ele era um bom marido, ao que me respondeu afirmativamente, ressaltando que ele não deixava faltar nada em casa, ainda era atencioso com ela e com os filhos; porém, não queria saber de ir à missa.

Com os olhos do coração

Então, respondi-lhe que seu marido não tinha nenhum defeito pelo fato de não querer ir à igreja. Na verdade, ele simplesmente não tinha as mesmas necessidades religiosas da esposa, e só isso. Contudo, a mulher não aceitava essa diferença e isso a deixava descontente com o casamento. Comparava-se com as amigas cujos maridos as acompanhavam ao templo. O nosso amor ainda é muito exigente, condicional. Nós amamos a pessoa, desde que ela...

Casais felizes, todavia, são aqueles que diminuem as expectativas em relação ao outro. Esperamos, demais, que os familiares se comportem dessa ou daquela maneira, e enquanto eles não se ajustam aos nossos elevados padrões de exigência, o relacionamento não flui, não tem vida, não acontece. E, enquanto esperamos, não estamos verdadeiramente na relação. Se aguardamos que os outros se moldem aos nossos rótulos de perfeição, é provável que tenhamos um alto nível de cobrança em relação a eles, e certamente deixaremos de ser uma pessoa agradável. Assumimos muitas vezes uma personalidade crítica, deveras exigente e, não raro, mal-humorada. Quem apreciaria ter ao seu lado uma pessoa tão tóxica assim? Isso explica um dos motivos pelos quais o nosso familiar não se sente bem em casa, sempre procurando desculpas para afastar-se do lar, porque não é aceito pela família.

Enquanto estamos esperando que os outros deixem de ser eles mesmos e que vivam conforme nossos modelos de perfeição, não conseguimos descobrir o encantamento de cada pessoa, sua própria natureza, seu jeito de ser. Não há um casamento igual ao outro, porque as pessoas não são iguais entre si. Estamos à procura de um par perfeito, porém nos recusamos a enxergar a natureza humana de cada um. Estamos em busca de mitos, ilusões, que amanhã só poderão nos trazer desilusões. Há muita fantasia em nossa mente, nos tirando do real, do possível, do concreto. Então, é preciso estar predisposto a gostar das pessoas como elas são, com um mínimo possível de exigências.

> Jesus afirmou que era preciso ter olhos de ver,
> ensinando-nos que tudo na vida depende do modo
> pelo qual vemos as pessoas e as coisas.

Se eu estiver disposto a gostar do outro, vou encontrar milhões de motivos para isso, vou descobrir que ele é um tesouro com centenas de pedras preciosas, e tudo isso nasce simplesmente da minha atitude interior de querer gostar. Porém, se estiver decidido a não gostar, também irei encontrar defeitos em toda a parte. Tudo depende da nossa predisposição.

> Afinal, felicidade jamais será ter quem você
> quer, mas querer quem você tem.

Aceitar, compreendendo

*"E, perante os problemas de julgamento,
onde estejas, usa a compreensão antes de
tudo, por presença da caridade, porque o
entendimento te suscitará compaixão e,
compadecendo-te, acertarás."*[38]

EMMANUEL

Assim que me casei, minha mulher disse-me que gostaria de passar um dia de domingo num parque público. Esclareceu-me que apreciaria almoçar no local, um piquenique é o que pretendia fazer. Com insistência, ela sempre voltava ao assunto. Confesso que a ideia nunca me agradou e fui desconversando o quanto pude, embora percebesse o desagrado de minha companheira. No íntimo, não conseguia entender o motivo pelo qual ela insistia tanto no piquenique; percebia que estava um tanto magoada com o meu descaso. Mas o tempo respondeu a meus questionamentos.

Numa tarde de domingo, reunido com os familiares dela, os parentes resolveram fuçar um velho álbum de recordações. Uma fotografia fez despertar doces lembranças em todos: era o retrato da família num piquenique no parque. Havia uma felicidade estampada naquele retrato e pareceu-me que ela se desprendeu da foto e impregnou-nos de uma alegria incalculável. Tocado por cena tão simples e cheia de encanto, imediatamente olhei para minha mulher e notei que sua expressão facial havia recuado no tempo. Era possível sentir o cheiro da terra molhada pela chuva da tarde, um aroma de flores do campo bailava no ar, ouvia-se ao longe o cantar dos pássaros entremeado com cantigas de roda. Vi a esposa-menina, querendo apenas repetir hoje, adulta, o retrato antigo de uma família feliz.

Somente consegui resolver o impasse do piquenique quando compreendi o que se passava no íntimo de minha mulher. Somos pessoas um tanto misteriosas, muitos de nossos comportamentos não encontram explicação pronta nos domínios da mente consciente. Por vezes, vemos pessoas agindo de uma forma que nos parece absurda, irracional, incompreensível. Mas, como todo comportamento tem uma causa, aliás é produto dela, podemos encontrar a razão nos escaninhos do inconsciente. O doutor Joseph Murphy, estudioso dos poderes psíquicos, afirma que a mente subconsciente projeta-se em intuições, impulsos, palpites, insinuações, ânsias e ideias, sendo responsável por 90% de nossa vida mental[39]. Também é na subconsciência que se encontra o acervo de experiências realizadas pelo ser em existências passadas. Assim é possível entender o que disse Blaise Pascal:

"O coração tem razões que a própria razão desconhece".[40]

Se quisermos ter um bom relacionamento com a família, a compreensão é uma das atitudes mais importantes para

Com os olhos do coração

chegarmos ao nosso objetivo. É preciso conhecer o ser amado, penetrar no âmago de seus sentimentos mais profundos, para entendermos o motivo de suas atitudes. Por exemplo: se na infância a mulher enfrentou problemas com um pai adúltero, é provável que, casada, tenha pouca ou nenhuma tolerância com as amigas do marido, as quais enxergará como verdadeiras inimigas. O marido não entenderá a razão de tanto ciúme, e os dois fatalmente terão muitas discussões que poderão culminar com a separação. Uma atitude de compreensão por parte do marido o levaria a perceber o motivo pelo qual a mulher está ardendo de ciúme; saberia que ela está com medo de passar pelas mesmas experiências vividas na infância. Ao compreender os reais sentimentos da mulher, trabalhará para transmitir-lhe confiança, segurança, manifestará mais afeto, ajudando-a a perceber que a situação de hoje não é a mesma vivida quando criança.

Uma forma de exercitar a compreensão será, diante de um determinado problema, tentarmos nos colocar no lugar do outro. Sair de nós mesmos, deixar um pouco o nosso ponto de vista e conseguir perceber como o familiar está interpretando aquele fato. "O que será que ele está sentindo?" — é a pergunta que devemos formular a nós mesmos.

Comumente, os problemas familiares surgem em razão de as pessoas interpretarem o mesmo fato de maneiras diversas.

Cada um enxerga o problema sob sua ótica, seu modo de compreender e seu grau de consciência. Enxergamos sempre por meio da nossa visão interior, ou como sugere Emmanuel, "com as cores que usa por dentro, o homem julga os aspectos de fora"[41].

Compreender não significa, necessariamente, que iremos concordar com a opinião ou comportamento alheio, porém que estamos em condições de entender os motivos pelos quais a pessoa se comporta dessa ou daquela maneira. E, quando exercitarmos a compreensão, perceberemos o quanto o familiar é frágil, vulnerável, inseguro, notaremos ainda suas expectativas quanto ao nosso comportamento. Dessas descobertas brotam a compaixão pelo próximo, um estado de empatia capaz de solucionar qualquer desarmonia. É provável que você esteja protestando no sentido de que também precisa ser compreendido pela família. É fato. Todavia, compreender primeiro é fundamental para ser compreendido. A solução é de Francisco de Assis: "Oh, Mestre, fazei com que eu procure mais amar que ser amado, compreender que ser compreendido...".

Qualquer coincidência...

Ao completar cinquenta anos de matrimônio, o casal foi entrevistado por um repórter que desejava saber o segredo de uma união tão duradoura. O primeiro a responder foi o marido:

— Você conhece o pão-bengala? Eu adoro o bico desse pão, mas, desde que casamos, eu o corto e dou para minha mulher.

O repórter voltou-se então para a esposa e perguntou-lhe:

— E, para a senhora, qual é o segredo?

E ela olhando para o homem, respondeu:

— Eu detesto o bico do pão e há cinquenta anos eu o estou comendo sem reclamar.[42]

Quem não se comunica...

> *"Usem o tempo — nas reuniões familiares, nas refeições, nas conversas íntimas — para falar, para ouvir e para compreender. A comunicação gera confiança, a confiança une."*[43]
>
> KASS DOTTERWEICH

Pudemos notar na curiosa história narrada no capítulo precedente o papel fundamental que a comunicação exerce sobre as relações humanas, sobretudo nas familiares. Vimos que a vida no lar demanda convivência e aceitação entre seus membros. Mas, para que isso ocorra, necessitamos conhecer o que o outro pensa e sente a respeito dos mais variados assuntos da vida familiar. A comunicação eficiente propicia esse conhecimento vital para o relacionamento.

Tenho observado, contudo, que muitas famílias estão em crise por dificuldades na área da comunicação interna. Todos os grupos, é verdade, passam por dificuldades, não há, por assim dizer, os isentos de turbulências. E não poderia ser diferente porque o ser humano tem problemas, conflitos, e essas dificuldades pessoais se refletem na família. Isso é natural. Mas por que razão alguns relacionamentos conseguem triunfar sobre as crises enquanto outros são derrotados? Porque os primeiros desenvolveram habilidades em superar conflitos, ao passo que os segundos foram vencidos pelos problemas. Uma das mais importantes habilidades é a existência de um bom canal de comunicação entre os integrantes da família. A vida conjugal propicia o surgimento de tensões e conflitos, que devem ser solucionados tão logo apareçam. E uma adequada capacidade de comunicação estabelece o clima propício para o equacionamento das dificuldades. Ao revés, a ausência de comunicação pode levar a família a níveis insuportáveis de convivência.

A comunicação, para ser essa ferramenta de apoio familiar, deve ser construtiva, ou seja, ter características que levem os membros da família a uma relação harmoniosa. No cotidiano do lar, muitas vezes expomos nossos pontos de vista de forma agressiva, rancorosa ou irônica. Quando agimos assim, a nossa expressão não constrói, não edifica e, portanto, em nada contribui para a solução dos conflitos. Quem, afinal, gosta de ser agredido, humilhado? Por certo, ninguém. Ainda que a pessoa esteja com a razão, não gostamos que os outros esfreguem a verdade em nossa cara. Emmanuel confirma:

> "A verdade é como joia que, no peito, nos cabelos e nas mãos, enfeita, mas atirada no rosto, fere."[44]

Precisamos, portanto, estabelecer uma comunicação construtiva, que conduza à pacificação da família, e não que inflame as labaredas da discórdia. Vamos examinar alguns comportamentos que prejudicam a comunicação construtiva:

As acusações

Quando acusamos, o familiar automaticamente adota uma postura defensiva; tende a negar o fato que estamos afirmando. E, se queremos convencer alguém de alguma coisa, precisamos que ele venha para o nosso lado. Quando acusamos, porém, a pessoa permanece do lado oposto ao que desejamos, e não é isso a que certamente aspiramos. Lembra André Luiz que: "Antagonizar sistematicamente é um processo exato de angariar aversões"[45]. Se temos algo a dizer ao companheiro, vamos esclarecer, sim, mas sem polemizar ou ferir.

A humilhação

Outro perigo em que não podemos incorrer é a humilhação do familiar na exposição de nossas ideias. Amiúde, para demonstrar que temos razão em nosso ponto de vista, lançamos mão de argumentos que humilham o ser amado, deixando-o arrasado, ridicularizado. Chamar a mulher de burra é humilhante, não é preciso dizer. Referir-se ao marido como incompetente é vexatório, sobretudo quando dito na presença dos filhos ou dos amigos. Quando somos desdenhados, nossa reação é de nos afastarmos de quem nos humilha e, quando isso ocorre, a comunicação tornou-se destrutiva, podendo levar o casamento ao fracasso.

Falar quando estamos com raiva

Os registros policiais comprovam a ocorrência de muitos crimes praticados em momentos de intensa fúria de seus autores. Milhares de delitos de trânsito, com vítimas fatais, resultaram de ações cometidas sob o impulso da raiva. A doutora Elisabeth Kübler-Ross, médica, afirma que, de acordo com autoridades dos Estados Unidos, a raiva é hoje a causa principal dos acidentes nas estradas norte-americanas[46]. Poderíamos completar que também é a responsável por diversos desentendimentos na família.

No momento em que estamos sob o domínio da ira, temos pouco ou nenhum controle sobre o que falamos e acabamos ferindo o familiar querido. Falamos mais do que gostaríamos de ter dito se estivéssemos calmos. Se estivéssemos serenos, não diríamos nem a metade do que despejamos no familiar. É claro que devemos expressar os nossos sentimentos, dizer que não gostamos disso ou daquilo, porém é preciso saber a hora em que vamos expor nossas opiniões. Estejamos atentos ao conselho de Carlos Torres Pastorino:

> "Quando encontramos na pessoa com quem convivemos alguma irritação, manda a prudência que não a perturbemos: não insistamos em nosso ponto de vista, para não chegarmos à discussão, e daí à briga e ao resfriamento do amor. Antes, esforcemo-nos por diminuir a irritação. Então, se o perceber irritado, cale-se, antes que a irritação passe para você; domine-se, enquanto está com a cabeça fria; deixe passar a onda..."[47]

Vale o mesmo conselho quando percebermos o familiar enfurecido. É sábio o conselho popular: "Quando um não quer, dois não brigam". É preferível, de nossa parte, o silêncio ao revide. Devemos escolher a melhor hora para expor ao côn-juge eventuais insatisfações no relacionamento. Não seria, por exemplo, oportuno tocar no assunto tão logo o marido chegue em casa do trabalho. Deixe que, primeiramente, ele tome um banho, esteja mais relaxado, faça a refeição e depois, na hora certa, você poderá introduzir o assunto, nunca se esquecendo, porém, da recomendação de Buda no sentido de que a ternura é a maior proteção do mundo.

Investir no diálogo

"Acredito que o maior presente que alguém me pode dar é ver-me, ouvir-me, compreender-me e tocar-me. O maior presente que eu posso dar é ver, ouvir, entender e tocar o outro. Quando isso acontece, sinto que fizemos contato."[48]

VIRGINIA SATIR

Quando se pensa em comunicação, a primeira ideia que nos surge é que ela se estabelece no plano da expressão verbal. Afirmamos que uma pessoa é comunicativa quando se expressa bem com a fala. Gostaria, todavia, que você ampliasse essa concepção para perceber que também nos comunicamos por outros meios, como, por exemplo, pelos gestos, pelos pensamentos, pelo tom de voz, pelo olhar, pelas roupas — enfim, por diversas maneiras. Essa visão maior poderá nos ajudar a apurar nossa comunicação não só na família, mas também na vida em geral. Pense, dessa forma, que tudo em nós comunica, tudo em nós está dando alguma pista do que pensamos e sentimos. Por isso, é preciso estar atento para melhorar a capacidade de percepção dos sinais que nossos familiares estão emitindo, bem como para nós mesmos expressarmos cada vez melhor sentimentos e ideias.

Com os olhos do coração

O primeiro requisito para alcançar um bom nível de comunicação na família é o diálogo. A possibilidade mais imediata da comunicação, embora não seja a única, encontra-se na expressão da palavra escrita e oral. Em regra, a comunicação na família é quase toda centrada na palavra falada. Por isso, um bom diálogo é um dos aspectos mais relevantes para a harmonia do grupo. Mas, para que haja esse diálogo, duas pessoas, ao menos, são fundamentais: a que fala e a que ouve, alternando-se, evidentemente, os papéis.

> Condição para que o diálogo ocorra é que haja tempo
> para conversar dentro do lar, criando-se espaços para
> a expressão do que somos e do que sentimos.

Quando permitimos que o outro se exponha, temos o ensejo de conhecê-lo, verdadeiramente. É o momento de percebê-lo, saber o que ele pensa e sente a respeito de si mesmo e do grupo. Quando não há espaço dentro da família para tal expressão, o outro passa a ser um estranho, o que explica o motivo pelo qual muitos pais se surpreendem quando o filho se entrega às drogas. É quase certo que houve falha na comunicação entre eles.

O diálogo é a porta aberta ao nosso familiar. Em relação aos filhos, precisamos dialogar com eles desde o momento em que se encontram no ventre materno. Estudos científicos demonstram o papel fundamental do diálogo no desenvolvimento mental, motor e psicológico das crianças. Elas precisam de estímulos para o seu desenvolvimento, e o diálogo com os pais será uma das mais importantes ferramentas que terão para crescerem sadias. O diálogo propicia segurança, pois a criança aprende que sempre poderá contar com os pais. Mas se o seu filho não puder contar com você para conversar, com quem o fará? Com algum desconhecido na rua? Com um traficante, talvez?

O diálogo pressupõe troca entre duas ou mais pessoas, vale dizer, as duas falam e escutam, alternando-se. Um bom diálogo favorece a harmonia do casal em pontos controvertidos do relacionamento. Na filosofia, estuda-se a dialética, ou seja, o processo de se buscar uma verdade pelo diálogo e pela discussão. Esse processo é composto de três fases: 1) tese; 2) antítese; 3) síntese. No diálogo familiar, esse modelo deve ser alcançado, pois conduz à pacificação de conflitos. Por exemplo:

TESE: o marido adora pescar todos os finais de semana.
ANTÍTESE: a mulher não gosta que ele pesque porque fica sozinha.
SÍNTESE: Ele vai pescar um fim de semana ao mês.

Essa síntese foi alcançada pelo diálogo. O marido expôs a sua vontade, a esposa argumentou que se sentia solitária. Ele conseguiu entender que a mulher tem razão de reclamar sua presença em casa. Ela entendeu que o marido gosta muito de pescar e que não é justo privá-lo desse *hobby*. Juntos concluíram que ficaria bom para o casal que ele fosse pescar uma vez ao mês — a síntese que nasce do diálogo.

Muito diferente é o monólogo, discurso em que um fala sem permitir que o outro oponha um ponto discordante. Há lares em que prevalece o monólogo, seja entre cônjuges, seja

Com os olhos do coração

entre pais e filhos. O monólogo é algo mesquinho, opressor, produz silêncio, mas não a paz que brota do entendimento. Irmão José observa:

> "O silêncio, quando se prolonga, transforma-se
> num abismo intransponível".[49]

É isso o que muitas famílias estão vivendo, um abismo intransponível. Reconhecemos, é verdade, que, por vezes, o silêncio é até necessário, quer para demonstrar que estamos atentos ao que o outro nos transmite, quer para evitar discussões acaloradas e violentas. Nessas horas, não revidar é uma atitude inteligente. Contudo, o silêncio sistemático tem feição de indiferença em face do próximo, o que implica grave dificuldade no relacionamento. Carecemos, pois, desenvolver esses aspectos do diálogo: falar, ouvir e compreender. Vamos aprofundar esse assunto nos próximos capítulos. É quase certo que você encontrará novos caminhos para a felicidade em seu lar.

LIÇÃO DE CASA

- ✓ Procure estar sempre aberto ao diálogo.
- ✓ Adquira o hábito de formular perguntas aos familiares.
- ✓ Interesse-se pelas respostas que eles lhe derem.

Não dá mais para segurar...

"Chega de tentar dissimular e disfarçar e
esconder o que não dá mais pra ocultar,
e eu não quero mais calar."*
GONZAGUINHA

Quando falamos, expomos nossas ideias, nossas necessidades e desejos, nossos conflitos e medos, permitindo que o outro saiba de nossas necessidades. Ocorre que, em diversas ocasiões, exigimos que o cônjuge perceba o que estamos sentindo, porém não damos nenhum sinal de alerta, não esboçamos nossos anseios e dificuldades. Vamos lembrar que o cônjuge não pode ler nossos pensamentos; é preciso que nós o informemos do que se passa conosco. Se, por hipótese, a mulher está magoada com o marido por causa de alguma ofensa, que diga isso a ele. É possível que o homem nem tenha percebido o gesto agressivo, o que é muito frequente. É importante que a mulher diga o que a incomoda, que verbalize as emoções, a fim de permitir ao marido oportunidade de reflexão e eventual mudança de atitude em relação ao ocorrido. O represar das emoções, sobretudo das mágoas, além de impossibilitar

---

* Música intitulada "Não dá mais pra segurar", de *Explode coração*.

Com os olhos do coração

o equacionamento do conflito, favorece, ao longo do tempo, o surgimento de enfermidades psicossomáticas.

> Algumas pessoas se calam porque têm a preocupação de não brigar, o que é louvável. No entanto, podemos expor nossos pontos de vista sem gerar discórdia. Divergir não é antagonizar.

Em regra, as mulheres é que assim se comportam porque foram educadas a reprimir as emoções. Estão cheias de anseios, desejos, mágoas, porém se fecham. Esse comportamento, contudo, é perigoso, porque remanesce o sentimento interior, fervilhando em sua alma. É certo que há pessoas em condições de apagar de seus registros emocionais os episódios menos felizes do casamento, e essa habilidade me parece um fator importante para os pequenos contratempos da vida familiar. O que seria do casamento se os cônjuges levassem tudo a ferro e fogo? Verdadeiro caos. Entretanto, haverá uma parcela de sentimentos que não conseguiremos diluir, e o fato de escondê-los não significa que irão desaparecer. As mágoas continuam guardadas nos porões de nossa alma, ferindo-nos. Então é melhor exprimir esses sentimentos ao cônjuge, esvaziar as emoções, pois do contrário ele pode acreditar que tudo está bem, o que, convenhamos, é uma mentira.

Uma boa maneira de saber como os familiares estão sentindo o relacionamento no lar é perguntar-lhes o que pensam a respeito. Costumo, com certa frequência, indagar meus filhos acerca do que pensam sobre meu comportamento como pai. Eles apontam detalhes sobre minha conduta que muitas vezes me passam despercebidos. É uma forma de me conhecer e de eles se expressarem. Já chegamos a rir em diversas oportunidades sobre as minhas mancadas. Quando assim procedemos, exercemos a humildade em reconhecer que não somos perfeitos e que estamos interessados em melhorar nosso comportamento para o bem da família. Isso tem um impacto positivo no grupo.

LIÇÃO DE CASA

Tome a iniciativa de procurar, ainda hoje, seus familiares para sondar-lhes os sentimentos sobre os relacionamentos no lar. Esteja aberto para surpresas.

A arte de dialogar

*"Quem ama a Verdade não a utiliza como
chibata em seus lábios."*[50]
CHICO XAVIER

Saber se expressar requer alguns cuidados de nossa parte. A comunicação é, ao mesmo tempo, arte e ciência, de modo que precisamos conhecer seus princípios básicos para que a nossa expressão com a família seja agradável e clara. É fundamental não esquecermos que todo relacionamento necessita de investimento. Não investimos na bolsa? Não compramos dólares? Por que não investir num dos bens mais preciosos que temos? Então vou lhe apresentar alguns lembretes importantes.

CADA DIÁLOGO NO SEU MOMENTO E LOCAL ADEQUADOS

Saber o momento de falar é um detalhe que não pode ser esquecido. Muita sensibilidade nesse momento para não escolhermos uma hora inoportuna para o diálogo. Se o marido chegou algo irritado do trabalho, não convém que a mulher o procure nesse momento para tratar de assuntos mais delicados. Espere que ele relaxe um pouco, tome um banho, faça a refeição e, depois, quando já superado o cansaço, a conversa poderá ser introduzida com chances de sucesso. O mau humor do homem tende a ser como tempestade de verão, logo passa. Mas não o procure durante a tempestade, pois o diálogo estará sujeito a muitas trovoadas.

Da mesma forma, o homem deve escolher o momento adequado de falar com a mulher assuntos mais íntimos. Se perceber que ela está nervosa com os filhos, com os problemas do trabalho, espere melhor oportunidade. Seja gentil com ela, tenha sensibilidade, não queira ir pela força porque o diálogo vai por água abaixo.

Devemos evitar, também, que os assuntos mais íntimos da família sejam discutidos na presença de outras pessoas. Há questões que só interessam ao próprio casal, nem na presença de pais ou filhos tais assuntos deverão ser tratados. Jamais chamar a atenção do cônjuge na presença dos amigos ou parentes. A mesma recomendação vale em relação aos filhos, pois é constrangedor ser admoestado com severidade na presença de amigos; uma advertência vá lá, mas aquela conversa séria somente na intimidade do lar.

OBSERVAR A ENTONAÇÃO DA VOZ

Além de escolher o momento adequado para a conversa, precisamos estar atentos à nossa entonação de voz. É quase certo, por exemplo, que o tom áspero na pronúncia de um "não" repercutirá negativamente no familiar que nos ouve. Tenhamos cuidado com a voz irônica, debochada ou gritante, que costumam derrubar a comunicação ao chão da discórdia.

Com os olhos do coração

Eleja frases construtivas

Um alerta importante refere-se à forma pela qual construímos nossas frases. O doutor Joel Kotin, psiquiatra norte-americano, afirma que os casais devem dar preferência às frases com o emprego da expressão "eu", que aumenta a comunicação no relacionamento, evitando-se a expressão "você", que normalmente serve para culpar ou proferir ofensas[51]. Note os exemplos:

- ✓ "Você não se importa comigo" (preferível dizer: "Eu estou furiosa pelo seu atraso").
- ✓ "Você é egoísta" (melhor falar: "Eu sinto que você me trata de forma injusta").
- ✓ "Você, agora, só quer saber dos amigos" (prefira: "Eu me sinto insegura quando você passa mais tempo com os amigos do que comigo").
- ✓ "Você é um péssimo aluno" (fica melhor dizer: "Eu estou muito preocupada com seu desempenho escolar").

Quando utilizamos a expressão "você", geralmente provocamos no parceiro uma reação oposta, porque ele se sente acusado e, assim, vai naturalmente tentar se defender.

"Evite as expressões 'você devia', 'você podia', 'você sempre', pois em regra são ouvidas como crítica e julgamento."[52]

Prefira palavras que expressem o que você está sentindo em relação ao comportamento alheio, evitando as condenações.

Lembre-se de que a comunicação destrutiva só aumenta o distanciamento entre os familiares.

ESCREVA TAMBÉM

A palavra escrita, conquanto pouco utilizada nas relações conjugais, é veículo valioso e que, quando bem empregada, provoca impactos positivos no relacionamento. A boa surpresa é um recurso valioso que revigora a vida a dois. Vamos nos recordar, não custa insistir, que o casamento pode ser comparado a uma flor necessitada de cuidados diários, e que a palavra escrita poderia ser comparada ao regador do jardineiro; faz jorrar palavras de estímulo no jardim da família. Como os membros do grupo estão sempre muito ocupados com suas próprias atividades, em regra distantes uns dos outros, devemos lançar mão, cada vez mais, da comunicação escrita.

Por exemplo: a mulher poderá escrever um bilhete afetuoso ao marido, deixando-o em sua pasta de trabalho. Quando ele se der conta da surpresa, por certo ficará muito feliz e se lembrará com carinho da mulher. Isso aumentará a intimidade do casal. Da mesma forma, o homem poderá deixar um recado carinhoso no estojo de maquiagem da mulher. Foi Rubem Alves quem disse que cartas de amor são escritas não para dar notícias, não para contar nada, mas para que mãos separadas se toquem ao tocarem a mesma folha de papel[53].

Os filhos me deixaram, sobre a mesa de trabalho, um bilhete carimbado de beijos e abraços; guardo-o como um dos presentes mais lindos que ganhei. Quando me sinto preo-

Com os olhos do coração

cupado, olho por alguns instantes aquele simples pedaço de papel e suas linhas me devolvem a alegria perdida entre papéis e processos. Contou-me uma amiga que, durante o longo período em que esteve hospitalizada e sem possibilidade de contato com a pequena filha, comunicava-se com ela por meio de desenhos que uma fazia para a outra. Assim, externavam saudades, carinho e coragem para aqueles dias cinzentos.

Quando aplicar essas sugestões, você talvez se sinta um tanto desconfortável, achará que está representando. É assim mesmo. Não estamos habituados a diálogos construtivos quando temos problemas a resolver. Entretanto, o hábito se adquire com a repetição de um novo comportamento até que se torne parte de nós mesmos. Vamos dar o primeiro passo?

Veneno...

Muito tempo atrás, uma menina chamada Lili casou-se e foi viver com o marido e a sogra. Em um tempo muito curto, Lili descobriu que não ia se dar muito bem com a sogra. Tinham personalidades muito diferentes, e Lili foi se enfurecendo com os hábitos de sua sogra. Além disso, ela criticava Lili constantemente. Dias, semanas e meses se passaram, e Lili e sua sogra nunca deixaram de discutir e brigar.

Mas o que fez a situação até piorar foi o fato de Lili ter de curvar-se à sogra e obedecer-lhe. A raiva e a infelicidade dentro da casa estavam causando ao pobre marido um grande estresse. Finalmente, Lili, não aguentando mais, decidiu tomar uma atitude. Foi ver o bom amigo de seu pai, o senhor Huang, que vendia ervas. Ela contou-lhe a situação e pediu que lhe desse algum veneno para dar à sogra, que lhe resolvesse o problema de uma vez por todas.

Senhor Huang pensou por algum tempo e finalmente disse:

— Lili, eu ajudarei você a resolver seu problema, mas você tem de me escutar e obedecer a todas as instruções que eu lhe der.

Lili respondeu:

— Sim, senhor Huang, eu farei tudo o que me pedir que faça.

O senhor Huang entrou no quarto dos fundos e voltou, em alguns minutos, com um pacote de ervas e disse a Lili:

— Você não pode usar de uma só vez, para se libertar de sua sogra, porque isso causaria suspeitas. Então, eu lhe dou várias ervas, que vão lentamente envenenar sua sogra. A cada dois dias, prepare alguma carne, de porco ou de galinha, e ponha um pouco destas ervas no prato dela. Agora, para ter certeza de que ninguém vai suspeitar de você quando ela morrer, você deve ter muito cuidado e agir de *forma amigável com ela. Não discuta com ela, obedeça-lhe em tudo e trate-a como se uma rainha fosse.*

Lili ficou muito contente. Agradeceu ao senhor Huang e voltou apressada para casa, para começar o projeto de assassinar sua sogra. Semanas se passaram, meses se passaram, e, a cada dois dias, Lili servia a comida especialmente tratada à sua sogra. Ela se lembrou do que o senhor Huang tinha dito sobre evitar suspeitas e controlou o seu temperamento, obedeceu à sogra e tratou-a como se fosse sua própria mãe.

Depois de seis meses, a casa inteira tinha mudado. Lilia tinha controlado tanto o seu temperamento que raramente se aborrecia. Nesses seis meses, não tinha tido uma discussão com a sogra, que parecia agora muito mais amável e mais fácil de lidar. As atitudes da sogra com Lili mudaram,e ela começou a amar Lili tanto quanto a própria filha. Ela revelava aos amigos e parentes que Lili era a melhor nora que alguém poderia achar. Lili e a sogra estavam tratando uma à outra como mãe e filha. O marido de Lili estava muito contente em ver o que estava acontecendo.

Um dia, Lili foi ver o senhor Huang e pediu-lhe ajuda novamente. Ela disse:

— Querido senhor Huang, por favor, me ajude a evitar que o veneno mate minha sogra! Ela se transformou em uma mulher agradável e eu a amo como minha própria mãe. Não quero que ela morra por causa do veneno que eu lhe dei.

Senhor Huang sorriu e acenou negativamente com a cabeça.

— Lili, não há nada com que se preocupar. Eu nunca lhe dei veneno algum. As ervas que lhe dei eram vitaminas para melhorar a saúde dela. O único veneno estava em sua mente e sua atitude para com ela, mas isso tudo foi jogado fora pelo amor que você deu à sua sogra.[54]

Com os olhos do coração

"Antes de observar os possíveis erros ou defeitos do outro, vale mais procurar-lhe as qualidades e dotes superiores para estimulá-lo ao desenvolvimento justo."[55]
ANDRÉ LUIZ

Eis aí uma receita simples e eficaz para a paz em família. A história narrada demonstrou o quanto o apreço, a estima, a consideração da nora para com a sogra foram capazes de mudar, para melhor, o relacionamento entre elas. E a razão é muito simples: queremos ser reconhecidos, notados, elogiados, precisamos sentir que somos importantes. Entretanto, quando temos alguma divergência dentro de casa, nossos diálogos estão repletos de críticas, sermões, desprezos e depreciações, causando verdadeiros desastres nos vínculos afetivos da família. Paulo, o Apóstolo, propõe-nos um pensamento importante a meditar: "Tudo o que o homem semear, isso também ceifará."*

Ora, se a minha conduta no diálogo com a família é a da crítica contumaz, que reação posso esperar dos parentes? Se, ao invés de sorrisos, eu somente me apresentar com a cara

---

* Gálatas, 6:7.

amarrada, que posso aguardar de meus pares? Se somente tenho reclamações a apresentar, como esperar que eles me queiram bem? No lar, recebemos o que damos, é a regra. Carecemos compreender que o mal não se corrige com o mal; o negativo não anula o negativo. Um vaso de cristal não se conserta a marretadas. Só o bem vence o mal, só o positivo anula o negativo. Em regra, agimos de conformidade com os estímulos que recebemos. Se sentimos frio, vestimos um agasalho. Se somos agredidos, procuramos nos defender. Se somos criticados, procuramos nos isolar de quem nos acusa. Os problemas de relacionamento interno da família devem merecer um estímulo positivo de nossa parte. Diante de um familiar difícil, vamos evitar os estímulos negativos, trocando-os pelos positivos, como: paciência, meiguice, ternura, carinho, muitos elogios e amor. Assim também pensa Emmanuel:

> "Uma prece, uma saudação afetuosa, uma flor ou um bilhete amistoso conseguem apagar longo fogaréu da discórdia ou dissipar rochedos de sombra".[56]

Daniel C. Luz escreveu que palavras de apoio são como interruptores de luz; quando as ouvimos surge uma gama imensa de possibilidades quanto ao que podemos fazer e ao que podemos vir a ser[57]. Será que temos deixado a família no escuro de nossa indiferença? Em minhas palestras, conheci um casal que vive o que agora tentamos explicar. Os dois pediram-me um autógrafo e depois que escrevi algumas palavras, ela segurou a mão do marido, olhou com encanto para sua face marcada pelo tempo , virou-se para mim e disse, com ternura: "Ele é o homem da minha vida, sou muito feliz por estar ao lado dele, agradeço a Deus por ter me dado esse presente tão especial, que é o meu esposo". Foi uma das cenas mais comoventes que presenciei. Ela via o marido com os olhos do coração. Que força irresistível tem esse olhar! Pude constatar, depois, em outras conversas que tive com o casal, que ele procurava todos os dias corresponder aos elogios da mulher.

Veja algumas palavras que poderão despertar bons sentimentos em nossos familiares:

"Você é especial em minha vida."

"Puxa, como você tem nos ajudado!"

"Incrível como você é bom em matemática."

"Obrigado por você se dedicar tanto à nossa família."

"Sabemos que você é capaz de vencer esse desafio."

"Você é um presente de Deus em minha vida."

Não basta falar bem, é preciso também pensar bem do nosso familiar. Às vezes, damos curso a vários pensamentos negativos sobre eles.

Quando pensamos mal, criamos um campo
energético correspondente e envolvemos o familiar
em nossas cadeias mentais inferiores.

Muitas vezes os filhos se encontram presos energeticamente a laços de medo e aflição, cujos vínculos foram criados por pais excessivamente preocupados e inseguros. Além do mais, se fixarmos negativamente o pensamento nos defeitos do cônjuge, estes tenderão a se arraigar, porque foram alimentados por nossas emissões psíquicas desequilibradas. Não será melhor criarmos uma atmosfera positiva para que o familiar sinta-se amparado e estimulado positivamente a mudar seu comportamento? Por isso é bom pensar bem, mentalizar situações felizes para nossos familiares, fixar nossos pensamentos na essência de luz que cada um é. Quem pensa, cria — essa é a verdade; muitos problemas no lar poderão se modificar se olharmos as pessoas com os olhos do coração.

Agora, pare um pouco para meditar sobre o assunto; não vale a pena prosseguir sem que você reflita se vem tratando os familiares com os olhos do coração. Esses olhos não veem cascas, sinais exteriores, apenas procuram a essência de cada um, não ligam para defeitos — antes valorizam virtudes — porque sabem que a natureza é bela e perfeita. Com os olhos do coração, miramos as estrelas em vez das nuvens passageiras. Se desejar, aproveite o espaço para responder às questões abaixo formuladas; elas não foram feitas para chateá-lo ou constrangê-lo, apenas para lhe dar oportunidade de pensar sobre o assunto. Se não quiser escrever, tudo bem, mas não deixe de refletir sobre o assunto.

✓ Porventura tenho mais criticado do que elogiado?

Com os olhos do coração

✓ Tenho sido grato ao familiar pelo que ele tem feito à família?

_____

_____

_____

✓ O que posso fazer, hoje, para melhorar o meu apreço pelos meus familiares?

_____

_____

_____

A arte de ouvir

*"A maioria das pessoas ouve,
mas não escuta."*[58]
MÁRIO DA SILVA BRITO

É essencial a um relacionamento saudável o desenvolvimento da habilidade de ouvir o outro. Se somente falamos, o diálogo na família fica comprometido. Haverá conversa, mas não diálogo. Ouvir permite-nos conhecer o que vai pela mente e pelo coração dos que convivem conosco. Procure sempre que possível responder às perguntas dos filhos. Comunique-se com eles. Mostre que você sempre estará pronto para ouvi-los. Jamais diga a eles que não tem tempo, que está cansado, que tem outras coisas mais importantes a fazer. Converse com eles, dê-lhes atenção, ainda que não possa fazer isso por muito tempo.

Quando ouvimos com interesse, demonstramos
que eles têm espaço em nossa vida.

É considerável o número de pessoas que se queixam de não ser ouvidas dentro do lar, de não ser consideradas, sequer notadas. Muitos filhos dizem: — "Meu pais não sabem que eu existo". Érico Veríssimo escreveu, com muita razão, que o oposto do amor não é o ódio, mas a indiferença. Não há maior agressão emocional ao próximo do que a nossa frieza, e não estar disposto a ouvir é ferir de morte a relação familiar. Há muitas pessoas virgens de ouvido, diriam os poetas.

Como poderíamos desenvolver a habilidade de ser um bom ouvinte? Seguem duas sugestões importantes:

Tenha interesse pela pessoa que fala

Escutar é muito mais do que simplesmente ouvir o outro. Os ouvidos registram o som, mas somente escutamos com a alma, e esse fenômeno ocorre apenas quando temos interesse pelo que a pessoa nos diz. O outro percebe quando estamos verdadeiramente interessados no que ele nos fala. Por vezes, somente ouvimos, não apreendemos, estamos apenas de corpo presente; nossos pensamentos estão bem longe das palavras que o familiar nos transmite. É desolador perceber quando isso acontece.

Não interrompa

Por vezes, temos o péssimo hábito de interromper a fala de quem nos dirige a palavra. Não deixamos que ele conclua o raciocínio, exponha suas ideias e sentimentos, frustrando a comunicação. Quando interrompemos, demonstramos que não temos interesse no que a pessoa tem a nos dizer, o que, convenhamos, é extremamente desagradável. Temos o ímpeto de antecipar conclusões, encurtar a conversa com nossas ideias preconcebidas. Quando assim procedemos, teremos captado apenas alguns fragmentos do discurso, o que nos impedirá de conhecer o que a pessoa de fato quer comunicar.

Não é incomum também que o familiar, em certas ocasiões, esteja apenas querendo desabafar. Ele não quer saber a nossa opinião, não quer conselhos, quer apenas atenção. Homens são hábeis solucionadores de problemas, querem resolver tudo; foram educados assim. No entanto, nem sempre as mulheres querem alguém que lhes resolva alguma dificuldade; desejam apenas que alguém as escute, que as compreenda, e só. Elas não querem palavras, anseiam por aquilo que Gonzaguinha cantou: "A gente quer carinho e atenção, a gente quer calor no coração".

As mulheres adoram conversar sobre assuntos mais afetivos, pelo que não se interessam por temas cotidianos do marido, como trabalho, política, esportes, economia, carros, computador, etc. É por isso que o homem gosta das rodas de amigos, porque estes lhe dão a devida atenção. Vale, então, o conselho dado por Pastorino às mulheres:

"Todo homem é vaidoso, e sente-se penetrar no céu quando está falando e vê alguém prestar-lhe atenção. Por isso, enquanto expõe suas ideias, permaneça ou calada ou apoiando o que diz, ou mesmo por vezes levantando alguma objeção, para entusiasmá-lo ainda mais na defesa de seu ponto de vista".[59]

Saber ouvir é uma ferramenta de contato, fortalece a intimidade do casal. Esta somente surge quando há um processo de comunicação construtiva entre os familiares. E, nesse processo, saber falar e saber ouvir são virtudes essenciais. Pesquisas demonstram que os com alto grau de intimidade apresentam uma probabilidade 62% maior de ter um casamento feliz[60]. Quer mais?

O que restou...

Certa vez, uma senhora narrou-me seu problema conjugal. Falou que o relacionamento afetivo com o marido, com quem estava casada havia quinze anos, ia de mal a pior. Sentia que o marido não a desejava mais, que ficava mais tempo no bar com os amigos do que com ela. Desconfiava que ele a estivesse traindo.

Olhei aquela mulher e notei seu rosto enrugado, os cabelos desalinhados e sem corte, as unhas sem trato, as vestes desajeitadas, aparentava, enfim, uns cinquenta anos de idade, dez a mais do que de fato tinha. Ela estava muito magoada com o esposo, porque afirmava que, depois do casamento, havia se dedicado completamente às tarefas domésticas, aos filhos e agora se sentia abandonada.

Perguntei-lhe como ela era quando conheceu o marido. Ela esboçou um triste sorriso, seus lábios quase se abriram e uma nuvem de pensamentos rondou sua cabeça. O passado veio-lhe à mente e pôde recordar, com algumas lágrimas no rosto, que era outra pessoa, bem alegre, festiva, dinâmica, gostava de passear, dançar, cantar e estar sempre bem-arrumada, ainda que se vestindo com simplicidade. Indaguei-lhe, então, onde estava aquela mulher de outrora.

Ela, aos prantos, desabafou: "Aquela mulher morreu, hoje somente restou a dona de casa".

A expressão corporal do amor

*"O toque de amor bate fundo — lá dentro
da alma. Usem os tapinhas nas costas, os
abraços vigorosos, os beijos de boa noite
e suaves cosquinhas para reassegurar,
fortalecer e confortar. O toque diz eu te
amo de infinitas maneiras."*[61]
KASS DOTTERWEICH

O amor não se expressa apenas por palavras ou pensamentos. Até o silêncio pode estar cheio de amor. O compositor Lulu Santos sabia disso quando compôs a música "Certas coisas". Há um trecho que diz: "Eu te amo calado, como quem ouve uma sinfonia..." No entanto, o amor também não se esgota no silêncio, aliás nunca se esgota. Gestos também expressam amor. E como expressam! Por vezes, as palavras não bastam, é como se elas não tivessem fôlego para escalar a montanha; só o corpo pode falar nessas horas.

É possível que seu familiar aprecie mais gestos do que palavras. Às vezes, nosso toque fala mais do que um livro de poesias. Ora, que mais não faz o poeta senão tocar almas? Talvez não baste que se diga ao cônjuge que o ama; é preciso demonstrar esse amor com um abraço, fazer-lhe massagem, beijá-lo, alisar seus cabelos, passear de mãos dadas. Essas também são formas importantes de comunicar os nossos sentimentos. Vamos lembrar que a pele é o maior órgão de nosso corpo, por isso a medicina já admite que a falta de contato humano pode levar a pessoa a um profundo isolamento e à doença — até mesmo à morte, afirma o cientista norte-americano Dean Ornish.

"A necessidade do toque também é essencial no relacionamento com os filhos. Arriscaria dizer que hoje muitas crianças sofrem de anemia epidérmica."[62]

Quando abraçadas pelos pais, quando acariciadas, as crianças sentem que são amadas e aceitas, fortalecendo-lhes a autoestima e favorecendo-lhes a saúde. O doutor Ornish refere-se a estudos que demonstram os benefícios do contato físico em recém-nascidos: num hospital em Miami, bebês prematuros que receberam três massagens carinhosas da mãe por dia, durante dez dias, ganharam peso em tempo 47% menor e deixaram o hospital seis dias antes do tempo normalmente esperado. Se o toque carinhoso pode trazer benefícios para a saúde física, que milagres não poderá realizar pela saúde emocional de nossos familiares?

Outro fator importante para a comunicação afetiva será lembrar da pessoa com quem seu cônjuge se casou. É claro que essa pessoa é você. Entretanto, a pergunta que se deve fazer é o quanto há hoje em você daquela pessoa.

Ao longo do matrimônio, marido e mulher, em regra, vão se distanciando da pessoa que conquistou o ser amado.

Já não cuidam da aparência, já não vigiam tanto o vocabulário diante do cônjuge, abandonam a cortesia, o perfume, o abrir a porta do carro para a mulher sair, o se arrumar para receber o esposo, enfim esquecem que o amor também se expressa nos pequenos detalhes.

Na história contada no início deste capítulo, pudemos perceber que a mulher dera mais importância à casa do que ao marido. Essa senhora esqueceu-se de que o esposo se casou com ela e não com a casa. Em vista dessa concepção errônea, Carlos Torres Pastorino comenta:

> "... o marido tem a surpresa de, ao chegar em casa, encontrar esta brilhando como um brinco, e deparar com a esposa despenteada, de roupão, sem pintura, e jogada sobre uma cadeira".[63]

Conforme já nos referimos, expressamos também o nosso amor pela forma com que nos vestimos e nos apresentamos perante o cônjuge. Imagine que você pretenda rever um velho amigo, telefona para ele e diz que deseja visitá-lo. Ele aquiesce, você vai visitá-lo, contudo ele o recebe despenteado, metido num pijama desbotado, cheirando a gordura e bocejando a todo momento. Ora, parece claro que seu amigo não gostou da visita. Agora transporte essa cena para o lar. Marido e mulher se encontram todos os dias, mas estão juntos apenas alguns momentos, poucas horas talvez. E, nesses raros instantes, esquecem da sedução e da conquista, reputam que tais comportamentos somente eram importantes durante o namoro. Aí reside um dos graves entraves para o sucesso na vida conjugal. Continuamos lembrando: o casamento é um ponto de partida! A sedução precisa ser cultivada, o cônjuge necessita ser conquistado a cada dia, fascinar o parceiro deve ser um trabalho diário. Quando esquecemos esses aspectos, a rotina passa a sufocar a vida conjugal, a mesmice leva o casamento à beira do precipício. Surpreenda o cônjuge, cuide da aparência, mantenha o romantismo dos tempos iniciais, fique atraente para ele, pois tudo isso vai mostrar-lhe o quanto queremos aproximá-lo de nós.[64]

Tenha, também, um espírito alegre, otimista, ninguém aprecia estar ao lado de pessoas lamuriosas. Estudos realizados com casais que viviam juntos há mais de quarenta anos demonstraram que o bom humor dos cônjuges foi decisivo para o sucesso do casamento. O bom humor quebra a mesmice das relações e suaviza as situações adversas. Expressamos o nosso bem-querer por meio do sorriso. Como é bom acordar com alguém sorrindo para nós. Contudo, não podemos apenas cobrar o sorriso alheio, precisamos também dar o primeiro passo. Foi por tal razão que Chico Xavier afirmou:

"Um dos maiores pecados do mundo é
diminuir a alegria dos outros".[65]

E quantas vezes em casa apagamos a alegria do familiar. Acordamos de mau humor, irritados, quase nem falamos com as pessoas à nossa volta. Saímos para o trabalho e nem um "bom dia" damos ao cônjuge. Somos implicantes, exigentes, severos juízes, trazemos a face congestionada pelas tensões do cotidiano, descarregando nossos conflitos no companheiro que divide conosco a caminhada. Somos muito afetuosos com os companheiros de trabalho, porém dentro do lar mostramos a cara fechada. Ouço de muitas mulheres que elas adorariam ser tratadas da mesma forma que os maridos tratam as amigas. Muitas vezes, quando chegamos em casa, a alegria sai pela porta dos fundos; todos ficam aflitos com a nossa presença.

Confesso que sobre o assunto tenho aprendido muito com minha cadela, a Lua, que ao me ver todas as manhãs faz uma festa de comover o coração. Quando chego do trabalho é outra alegria: abana o rabo, deita-se no chão, enrola-se no meu pé, faz de tudo para expressar que está feliz com meu regresso. Vejo como hoje as pessoas estão se entregando à criação e ao cuidado de animais, provavelmente porque as relações humanas estão por demais saturadas de egoísmo. Tenho visto também psiquiatras receitando a pacientes depressivos que tenham animais de estimação. Perguntei a um deles o motivo da prescrição. Respondeu-me que era uma forma de o paciente desenvolver algum tipo de vínculo afetivo, condição fundamental para o restabelecimento da saúde emocional. Não aguentei a resposta e tornei a perguntar o motivo pelo qual ele não receitava relacionamentos humanos. A resposta foi curta:

"Os homens estão ficando muito exigentes".

Fiquei a meditar e pude concluir que poderíamos aprender não só com os bichinhos, mas também com as crianças. Penso que nosso afeto envelheceu demais, precisamos resgatar a criança interior que mora em cada um de nós, tendo menos exigências, mais alegria, menos preconceitos, mais entrega. Não por outra razão Jesus considerou que o Reino de Deus seria para aqueles que se parecessem com as crianças: puras de coração, alegres, entusiastas, sinceras, francas, meigas e prontas para amar. Será que nosso amor não anda caduco, algo endurecido por falta de lubrificação dos óleos da alegria e do contentamento? O amor é fluido, leve, livre e marcantemente feliz. Quem ama, pois, tem rosto de criança, parece anjo, perde a noção do tempo, nem fome sente. Creio que precisamos rejuvenescer a nossa forma de amar. Sorrir, abraçar, dançar, cantar, andar de mãos dadas são verbos que, se conjugados, poderão curar a nossa família do tédio em que ela se encontra. Por que não tenta agora? Amanhã pode ser tarde.

PARA PENSAR com Emmet Fox:

"Não existe dificuldade que o amor não supere. Não há doença
que o amor não cure. Não há portas que o amor não abra.
Não importa quão profundo seja o problema; quão difícil
seja a situação; quão apertado seja o nó; quão grande seja o
erro. O verdadeiro amor cura tudo. Se você pudesse amar o
suficiente, seria a pessoa mais feliz e poderosa do mundo".[*]

---

* Texto atribuído a Emmet Fox.

Educar é preciso

*"Esclareçamos nossos filhos no livro do
exemplo nobre. Nem freio, que o mantenha
na servidão, nem licença que o arremesse
ao charco da libertinagem."*[66]

EMMANUEL

Criar filhos tem sido um dos maiores desafios da minha existência. Eu me lembro de quando nasceu o Tarcísio, meu primeiro filho. Depois de alguns dias o médico nos liberou para deixar a maternidade. Cristina e eu saímos do hospital com uma dúvida que nos apertava o estômago: e agora, o que será de nós? Como vamos cuidar dessa criança? A palavra "como" é a mais importante na história de criar filhos, porque os pais têm o desejo de fazer o melhor por eles; a dificuldade é saber como vamos atingir essa meta. Dos homens mais rudes até os angelicais, todos aspiram à felicidade dos filhos, embora cada um vá adotar determinado modelo de criação.

Nossa tendência inicial é repetir o modelo no qual fomos criados. Muitas vezes me pego tratando os filhos da mesma forma com que meus pais me tratavam. Reproduzimos o que aprendemos, assim damos os primeiros passos.

> Entretanto, a forma como fomos educados teve muitos
> pontos positivos, mas pode ter deixado algumas feridas
> interiores para as quais até hoje não encontramos a cura.

Os equívocos cometidos por nossos pais não foram intencionais, tampouco se deram por falta de amor; é quase certo que eles desconheciam um jeito melhor de lidar conosco. Hoje, porém, temos mais conhecimento do que nossos pais. É considerável o número de livros sobre educação de filhos; psicólogos e psiquiatras são frequentemente entrevistados em programas de rádio e televisão transmitindo orientações sobre métodos educativos. Daí ser preciso encontrar um novo caminho para educar a prole; aproveitar as experiências positivas recebidas de nossos pais e reformular as que não deram bons resultados. Conhecimento à nossa disposição não falta.

Na busca de um novo formato educativo, milhares de casais encontraram um modelo de extremo liberalismo, exatamente para não repetirem o padrão no qual foram criados. Outrora, os filhos eram submetidos a um regime de autoritarismo. O pai centralizava todas as decisões da família, desde a hora em que as crianças poderiam comer até com quem deveriam se casar. Os filhos não eram ouvidos, não tinham vontades, nem direitos, apenas deveres. Era comum os pais escolherem a profissão dos filhos; as mulheres, quando muito, poderiam se dedicar ao magistério. Ai da criança que colocasse a boca na comida antes dos adultos! Bastava um olhar do genitor para que se entendesse tudo o que ele queria dizer. Com tais características, tinha-se a impressão de que as famílias eram felizes, mas era só aparência — a mesma aparência das flores artificiais: bonitas por fora, mas desprovidas de aroma. O nível de tensão interna era elevado, pois o sistema funcionava na base da repressão da vontade dos filhos.

Tentando não repetir os mesmos erros, os pais encontraram um método bem liberal; nada de obrigações, somente direitos. O filho não pode ser contrariado, suas vontades devem ser sempre respeitadas e atendidas, nada de passar vontade. Nenhuma reprimenda, nenhuma advertência, somente elogios e aplausos. Não se admite que os filhos trabalhem, que andem de ônibus, que arrumem as camas, tudo lhes é dado e facilitado pelos pais. Como não recebiam nada quando crianças, os pais de hoje dão tudo aos filhos. Dizem, orgulhosos: "Quero dar ao meu filho tudo aquilo que não tive". E dão, sobretudo os que passam muito tempo fora de casa; uma espécie de compensação de culpas.

Esse modelo, fundado na regra *tenho tudo/posso tudo*, também não vem dando bons resultados, como é fácil de perceber. Basta perguntarmos: há alguém na vida que pode tudo e tem tudo? Óbvio que não. Mesmo os afortunados não podem ter tudo, porque nem tudo está à venda. E seguindo o mote publicitário da empresa de cartão de crédito, há coisas que o dinheiro não compra. Não compra, por exemplo, o amor de uma pessoa; pode comprar o corpo, jamais o amor. Se dinheiro comprasse tudo, como explicar o fato de pessoas ricas e famosas estarem envolvidas com drogas? Elas estão tentando encontrar algum tipo de prazer que dinheiro e fama não conseguiram lhes dar. Nem um pedacinho no céu o dinheiro consegue comprar.

José Carlos De Lucca

> Mas os pais fecharam os olhos a esta simples verdade
> e acostumaram os filhos a terem tudo. Eles crescem
> exigentes, nada os contenta ou satisfaz.

A isso chamamos infelicidade, pois os filhos nunca estão satisfeitos com o que têm, não conseguem saborear as coisas simples da vida. Disso para as drogas é um passo muito curto.

Também não podemos tudo. Temos limites, regras de convivência que precisam ser observadas. Mesmo as pessoas dotadas de algum tipo de poder não podem utilizá-lo de forma arbitrária. Um juiz não pode prender pessoas sem justa razão. O Presidente da República não pode invocar a condição de chefe de Estado para não pagar a conta do restaurante. Na faculdade de Direito, uma das primeiras lições que aprendi foi que o nosso direito termina onde começa o direito do outro. Idêntico preceito foi anunciado por Jesus: "Como quereis que os outros vos façam, fazei também a eles". Mas as crianças estão sendo criadas para desrespeitar essa regra, são educadas sem freios, sem limites, sem nenhuma disciplina. Vejamos o exemplo, péssimo exemplo por sinal, de pais que consentem que seus filhos dirijam sem habilitação. Quando os filhos são surpreendidos pelas autoridades, tentam os genitores subornar os policiais, afastando os filhos das consequências legais. Assim eles crescem poderosos, onipotentes, irresponsáveis. Se preciso, agridem os próprios pais. Limite é uma palavra que não figura em seus dicionários e por causa disso viverão muito próximos da delinquência.

Hoje precisamos encontrar o caminho do meio, um modelo que não seja autoritário e tampouco liberal. Os dois modelos são prejudiciais, já mostraram que não servem. Emmanuel, em 1981, antecipou-se ao que hoje defendem os terapeutas educacionais e propôs este novo modo educativo: nem freio, nem excesso de liberdade. A criança precisa ser ouvida, sim, deve ser respeitada, como não? Mas também tem obrigações para consigo mesma e para com o próximo.

> É fundamental que a criança tenha noção de limites,
> que tenha disciplina compatível com sua idade, sem
> que para isso tenha de ser desprezada e agredida.

Os pais precisam ouvir os filhos, levar em consideração o que eles sentem e pensam, a fim de poder entender-lhes os anseios de vida. Certa vez, por exemplo, cheguei em casa cansado do trabalho e ainda tinha de estudar um processo para o dia seguinte. Os filhos, porém, estavam ansiosos para ir ao cinema, queriam ver um filme que estava sendo lançado naquele dia. Disse-lhes que não poderia ir e eles não se conformaram; insistiram e espernearam para valer. Confesso que me senti tentado a atender-lhes o pedido, mais para me livrar daquela choradeira do que para satisfazer-lhes a vontade. Conversando com minha mulher, concluímos que se fôssemos ao cinema estaríamos ultrapassando limites, quebrando a disciplina de nossas tarefas. Como amanhã exigiríamos disciplina deles? Com dor no coração, mas em paz com a consciência, dei a conversa por encerrada com um incisivo "não". Eles ficaram zangados, mas tiveram de se conformar. Entretanto, prometi que no fim de semana iríamos todos ao cinema. E foi muito gostoso assistir a Harry Potter ao lado da família, comendo pipoca, é claro.

Corrigir com amor

"A infância tem ainda outra utilidade: os Espíritos não ingressam na vida corpórea senão para se aperfeiçoarem, para se melhorarem; a debilidade dos primeiros anos os torna flexíveis; acessíveis aos conselhos da experiência e daqueles que devem fazê-los progredir."
O LIVRO DOS ESPÍRITOS*

Ao ler as ideias apresentadas neste livro, você talvez esteja se perguntando sobre como agir nas situações em que temos a necessidade de corrigir nossos filhos. A pretexto da consideração que devemos a eles, não podemos fechar os olhos para certos comportamentos prejudiciais a que venham se permitir. Os pais não podem, por exemplo, elogiar o filho que esteja cabulando aulas; precisam adverti-lo, não há dúvida. Mas como? O primeiro impulso de muitos genitores é o da agressividade, verbal ou física, quando não as duas. Não se nega que, em alguns casos, esse expediente tenha dado algum resultado, pelo

---

* *O Livro dos Espíritos* contém os princípios básicos da Doutrina Espírita, segundo os ensinamentos dos Espíritos Superiores, por meio de diversos médiuns, recebidos e ordenados por Allan Kardec.

menos na aparência. Filhos silenciosos são o sonho de muitos pais, ainda que esse silêncio esteja carregado de revolta.

Um aspecto, porém, não pode ser desprezado. Quando usamos de violência com o próximo, seja ela moral ou física, apenas estamos fortalecendo os aspectos negativos da conduta que desejamos combater. Não é curioso? Agimos para evitar o mal, contudo o mal se fortalece por causa de nossa maldade. É o estímulo: toda ação provoca uma reação equivalente. A agressão envolve a mensagem de que o filho não é bom o suficiente e por isso está sendo punido. Como consequência, ele tenderá a se comportar da forma como o tratamos. Não é outra a opinião de Içami Tiba:

> "Tapa é violência. Dar tapa em crianças violentas é incitá-las à briga, piorando a situação. O tapa é o primeiro degrau do espancamento. Violência e castigo não educam, mas perpetuam as inadequações".[67]

Portanto, a agressão, verbal ou física, transmite ao ofendido um sentimento de desprezo que o levará fatalmente a se afastar do agressor, passando muitas vezes a odiá-lo, a rejeitá-lo, e até a agredi-lo, também. Evitemos, ainda, os gritos, tão comuns no trato com o familiar. É muito desagradável quando alguém fala conosco aos berros, pois revela menosprezo, total falta de respeito para conosco, um ato de violência emocional com efeitos nefastos para o relacionamento. Podemos ter voz firme, sim, voz enérgica, mas não voz gritante, ofensiva, que só fere os ouvidos daquele a quem queremos conquistar. A educadora Heloísa Pires escreveu algo sobre o assunto:

> "O grito é a falência do processo educacional, a incapacidade no
> diálogo, a irracionalidade aquém dos animais ditos irracionais".[68]

Longe de nós estarmos sugerindo que os pais larguem os filhos ao deus-dará. Não. Só queremos indicar novos caminhos, por que não? Uma das maiores descobertas da ciência psicológica dos últimos tempos foi constatar que, ao lado da inteligência racional, também somos dotados de uma inteligência emocional. Sustentam os estudiosos que nossos primeiros impulsos são regidos pela mente emocional e que somente depois de alguns segundos é que a razão vai atuar. Então, para educar filhos não bastará educar-lhes o intelecto; é preciso também mexer com as emoções, elevando-as, pois que estão na base de nossos comportamentos. A habilidade emocional é a pilastra maior de todo o processo educacional.

Quando agredimos, gritamos, xingamos os filhos, jogamos verdadeiras bombas no campo de suas emoções. Então temos uma boa pista para lidar bem com os filhos: conquistar-lhes o coração; somente depois de isso ocorrer é que partiremos para o campo dos pensamentos. A violência distorce a inclinação natural que a criança tem para a empatia, afirma o psicólogo Daniel Goleman.[69] A ternura, a amizade e o amor são os canais condutores da comunicação empática. Já a violência... Veja como a coisa funciona na prática; o exemplo é do psiquiatra Augusto Cury:

> "Seu filho acabou de levantar a voz para você. O que fazer?
> Ele espera que você grite e o castigue. Mas, em vez disso, você
> inicialmente se cala, relaxa e depois diz algo que o deixa pasmo:

Com os olhos do coração

– Eu não esperava que você me ofendesse desse jeito. Apesar da dor que você me causou, eu amo e respeito muito você".[70]

O filho sente um choque positivo, percebe que errou, nota o desagrado do pai e, ao mesmo tempo, que continua sendo amado por ele. Para que isso ocorra, o elogio conta mais do que o castigo. A voz firme e respeitosa ajuda mais do que gritos. O esclarecimento conta mais do que a acusação. Precisamos conquistar nossos filhos pelo coração, tocar-lhes a alma, como o artista que procura extrair de seu instrumento as mais belas melodias de amor. Não esquecer que para tudo há um tempo, e esse tempo de plantar sementes no terreno das emoções inicia-se na concepção, aprimora-se na primeira infância para dar flores e frutos na maturidade. Esse plantio envolve paciência, dedicação e afeto, bases da pedagogia do amor apresentada pelo maior pedagogo de todos os tempos, Jesus de Nazaré.

Qualquer coincidência...

Conta-se que um dia um homem parou na frente do pequeno bar, tirou do bolso um metro, mediu a porta e falou em voz alta: "dois metros de altura por oitenta centímetros de largura".

Admirado, mediu-a de novo.

Como se duvidasse das medidas que obteve, mediu-a pela terceira vez. E, assim, tornou a medi-la várias vezes.

Curiosas, as pessoas que por ali passavam começaram a parar. Primeiro um pequeno grupo, depois um grupo maior, por fim uma multidão.

Voltando-se para os curiosos, o homem exclamou, visivelmente impressionado: "Parece mentira! Esta porta mede apenas dois metros de altura e oitenta centímetros de largura, e, no entanto, por ela passou todo o meu dinheiro, meu carro, o pão dos meus filhos; passaram os meus móveis, a minha casa com terreno.

E não foram só os bens materiais. Por ela também passou a minha saúde, passaram as esperanças da minha esposa, passou toda a felicidade do meu lar...

Além disso, passaram também a minha dignidade, a minha honra, os meus sonhos, meus planos...

Sim, senhores, todos os meus planos de construir uma família feliz passaram por esta porta, dia após dia... gole por gole.

Hoje, eu não tenho mais nada... Nem família, nem saúde, nem esperança.

Mas, quando passo pela frente desta porta, ainda ouço o chamado daquela que é a responsável pela minha desgraça...

Ela ainda me chama insistentemente...

Só mais um trago! Só hoje! Uma dose, apenas!

Ainda escuto suas sugestões em tom de zombaria: 'você bebe socialmente, lembra-se?'

Sim, essa era a senha. Essa era a isca. Esse era o engodo.

E mais uma vez eu caía na armadilha dizendo comigo mesmo: 'quando eu quiser, eu paro'.

Isso é o que muita gente pensa, mas só pensa...

Eu comecei com um cálice, mas hoje a bebida me dominou por completo.

Hoje sou um trapo humano... E a bebida, bem, a bebida continua fazendo as suas vítimas.

Por isso é que eu lhes digo, senhores: esta porta é a porta mais larga do mundo! Ela tem enganado muita gente...

Por esta porta, que pode ser chamada de porta do vício, de aparência tão estreita, pode passar tudo o que se tem de mais caro na vida.

Hoje eu sei dos malefícios do álcool, mas muita gente ainda não sabe. Ou, se sabe, finge que não, para não admitir que está sob o jugo do bebida.

E, o que é pior, tem esse maldito veneno, destruidor de vidas, dentro do próprio lar, à disposição dos filhos.

Ah, se os senhores soubessem o inferno que é ter a vida destruída pelo vício, certamente passariam longe dele e protegeriam sua família contra suas ameaças."

Visivelmente amargurado, aquele homem se afastou, a passos lentos, deixando a cada uma das pessoas que o ouviram motivos de profundas reflexões.[71]

Álcool: família em perigo

"Beber começa como um ato de liberdade,
caminha para o hábito e, finalmente,
afunda na necessidade."
BENJAMIM RUSH[*]

Uma pesquisa realizada em 24 cidades do Estado de São Paulo, com mais de 200 mil habitantes, estimou que 10,9% da população masculina e 2,5% da feminina eram dependentes de álcool[72]. Esses números, aliados a outros que relacionam a bebida ao aumento da violência e do número de mortes no trânsito, permitem concluir ser o álcool a droga que mais danos causa à sociedade. Sua ação nefasta principia no alcoólatra, depois atinge a família e, por consequência, toda a sociedade. Sofrem em demasia os familiares. É como se o lar também ficasse "alcoolizado", pois toda a dinâmica da família passa a ser regulada pelo comportamento do usuário de álcool, é o que afirma o doutor Dráuzio Varella[**]. Conheço inúmeras pessoas cujo pai era viciado, que trazem até hoje as marcas das cenas tristes vividas ao lado do pai transtornado

---

[*] Médico norte-americano, um dos primeiros pesquisadores dos efeitos nocivos do álcool sobre a saúde.

[**] Disponível em: <http://www.drauziovarella.com.br>. Acesso em: 15/04/2005.

pelo vício, das brigas que presenciaram assustadas, das vezes em que socorreram o genitor embriagado, caído na sarjeta. São impressões fortes que o tempo não apaga assim tão fácil.

Estamos esquecendo que o álcool é uma droga, embora de livre acesso e amplamente divulgada pelos meios de comunicação. A propaganda procura associar a bebida a situações felizes, a momentos de descontração, a pessoas bonitas e alegres cantando e se divertindo.

> Em casa, a divulgação não é muito diferente. Pais sisudos e de pouca conversa tornam-se falantes e alegres a um simples copo de cerveja. Reservamos um espaço de destaque para guardarmos as bebidas alcoólicas. O famoso "barzinho" tem vidros espelhados e taças de cristal. Quem pode pensar que álcool é droga?

Mas é. Poucos, porém, se dão conta disso. Talvez estejam achando essas linhas um tanto moralistas, próprias de quem não bebe. Posso assegurar que não pretendo ser chato, ditar regras para os outros, apenas possibilitar uma reflexão a respeito de um assunto muito importante para você e sua família. Primeiramente, para você, pois o álcool é um fator de risco para a saúde, podendo causar gastrite, cirrose hepática, pressão alta, insuficiência cardíaca, encolhimento cerebral por destruição dos neurônios, nervosismo, insônia e depressão, é o que afirma o médico Içami Tiba[73]. Será esse o caminho que desejamos para nós? Será que alguns minutos de euforia artificial podem compensar todos os prejuízos graves que o álcool acarreta para a nossa saúde?

Com os olhos do coração

Além do mais, não são poucos os que desencarnam vítimas de problemas decorrentes do alcoolismo. Sem esquecer, ainda, que mais da metade dos acidentes de trânsito é provocada por motoristas embriagados. Isso as propagandas de bebidas não mostram. Não preciso dizer também dos problemas familiares que o alcoolismo produz. Uma senhora, esposa de um alcoólatra, confidenciou-me certa vez que um de seus maiores problemas é ter de conviver com uma pessoa completamente diferente daquela com quem se casou. Disse-me que o marido era um homem carinhoso, afável, trabalhador e fiel. Mas, depois da bebida virou do avesso, pois chega em casa tarde da noite e falta ao trabalho com frequência, vive embriagado, nervoso, agressivo e com marcas de batom na camisa. "É duro ter de conviver com um estranho", desabafou com lágrimas nos olhos.

Como então nos comportar diante do álcool? Há três faixas de consumo distintas: uso, abuso e dependência, embora não haja uma fronteira clara onde começa uma e termina outra.

Joanna de Ângelis adverte que a vinculação
alcoólica tem início pelo aperitivo inocente.[74]

A lição se justifica porque um dos efeitos da bebida é cercear nosso sistema interior de censura, o que nos impede de avaliar o momento de pararmos a ingestão. Por isso a pessoa embriagada faz coisas que em sã consciência não faria. Não podemos ainda ignorar que o álcool é a porta de acesso a outras drogas. Desse modo, do uso esporádico ao abuso há uma curta distância que a prudência sugere não percorrer. Muitos avançaram e não conseguiram voltar.

LIÇÃO DE CASA

- ✓ Procure, a cada dia, diminuir a importância da bebida alcoólica em sua casa.
- ✓ Se não consegue parar, procure não beber na presença de seus filhos menores, pois as crianças tendem a repetir o que observam nos adultos.
- ✓ Procure ajuda especializada para livrar-se da dependência alcoólica. Há grupos de autoajuda que proporcionam apoio importante para vencer a dependência (exemplo, Alcoólicos Anônimos).

Vícios na juventude: prevenção ainda é o melhor remédio

*"É indispensável oferecer ao jovem
valores que resistam aos desafios do
cotidiano, preparando-o para os saudáveis
relacionamentos sociais, evitando que
permaneça em isolamento, que o empurrará
para as fugas, quase sem volta, do uso das
drogas, pois que essas fugas são viagens
para lugar nenhum"*[75]
JOANNA DE ÂNGELIS

Cresce a cada dia o consumo de drogas entre os jovens. Amiúde, os pais nunca contam com a possibilidade de seus filhos se tornarem viciados; acham que o problema ocorre apenas com vizinhos e amigos. Todavia, os amigos e os vizinhos pensam a mesma coisa. Muitos pais até incentivam os filhos homens ao consumo de bebidas alcoólicas, uma "prova da masculinidade do descendente". O primeiro gole ocorreu muito antes da puberdade, quando molharam a chupeta da criança na cerveja.

Uma decepção toma conta dos pais quando descobrem o filho envolvido com drogas. O assunto merece atenção urgente da família e do Estado, pois, sem querer ser alarmista, estamos vivendo uma verdadeira epidemia de jovens drogados. E muitos pais estão sem saber o que fazer. A primeira atitude sempre será a preventiva, ou seja, trabalhar a educação integral de nosso filho para que ele se equipe de recursos tais que lhe possibilitem transitar pelo mundo livre dos entorpecentes. Essa educação integral envolve os aspectos intelectuais, emocionais e espirituais do ser.

Em regra, os pais estimulam apenas o desenvolvimento da intelectualidade, preocupam-se, com razão, com boas notas na escola e a aprovação no vestibular. Mas só isso não basta. Temos outros aspectos de nossa personalidade que também precisam ser fortalecidos. Daniel Goleman, famoso psicólogo norte-americano, apresentou ao mundo a ideia de que, ao lado da inteligência racional, também somos dotados de uma inteligência emocional, tão importante quanto a primeira[76]. Não basta ser inteligente, é preciso também saber como nos relacionamos com nossos semelhantes.

Além de boas notas, precisamos ensinar nossos filhos a lidarem com frustrações, por exemplo. Como afirmou o doutor Tiba, não queremos que os filhos tenham alguma contrariedade, e assim vivemos para satisfazer-lhes todos os desejos. Como não podemos possuir tudo a todo momento, chegará a hora em que os filhos experimentarão alguma frustração, serão tomados de uma angústia tal que poderão buscar nas drogas o alívio para suas dores emocionais. Tão importante quanto a aprovação no vestibular, os filhos precisam aprender a lidar com as derrotas, pois as vitórias também são construídas com os fracassos.

Com os olhos do coração

Saímos de uma educação fundada no autoritarismo e fomos ao extremo do liberalismo. Hoje, os filhos podem tudo, não podem ser contrariados e, com isso, não aprendem a lidar com os revezes da existência. Só tiveram prazer, nunca experimentaram contrariedades, e, portanto, não sabem lidar com elas. Augusto Cury, psiquiatra de renome, afirma que bons pais preparam os filhos para os aplausos, e pais brilhantes preparam os filhos para os fracassos[77]. Jesus de Nazaré, o sublime terapeuta, há mais de dois mil anos, já proclamava que bem-aventurados eram os que sofriam, vale dizer, os que sabiam lidar com a dor, retirando do calvário as lições para a vitória. Hoje, os pais querem privar os filhos do calvário, esquecidos de que a pérola nasce do lodo. Vamos ensinar aos filhos o que cantou Guilherme Arantes na canção "Brincar de viver": "A arte de sorrir, cada vez que o mundo diz não". Está aí um excelente preventivo contra as drogas.

Desenvolver a inteligência emocional também será estimular a autoestima dos filhos.

> Quem gosta de si mesmo dificilmente utilizará substâncias que agridem o corpo e a mente. Quem se ama se preserva, quer o melhor para si, afastando-se de comportamentos autodestruidores.

Quem tem a autoestima positiva saberá dizer não aos convites de amigos para usar drogas. Quem está com autoestima em *déficit* tem muitas dificuldades em dizer não pelo temor de ser rejeitado pelo grupo, e isso é uma das portas de entrada ao vício.

A prevenção também se faz com informação. É preciso conversar com os filhos sobre a questão das drogas, muni-los de informações que possibilitem entendimento das consequências de qualquer vício. Os pais precisam ler sobre o assunto*, acompanhar os noticiários, conversar com os pedagogos da escola — enfim, buscar uma capacitação que lhes permita lidar com o problema. Em uma de minhas palestras, realizada em uma escola de São Paulo, a diretora me confidenciou ter percebido alguns alunos envolvidos com drogas, pelo que resolveu convocar todos os pais para conversa sobre o assunto. Para sua surpresa, menos de 10% dos pais compareceram ao encontro. Não podemos esperar que o problema ocorra em nossa casa para depois buscar as soluções. Digo que a melhor solução é a prevenção. Em princípio, os pais não estão preparados para o assunto, o que sabemos é muito pouco para enfrentar o desafio das drogas.

A profilaxia também se faz com acompanhamento dos filhos. É preciso saber onde eles ficam a maior parte do tempo, já que hoje o traficante não é mais o pipoqueiro do colégio, mas o próprio colega de sala de aula, e conhecer os amigos de seus filhos, bem como os respectivos pais.

> Observe como o filho chega em casa ao retornar das baladas,
> ficando atento ao seu comportamento para identificar
> algum sinal de alerta para a presença de drogas.

---

* A título de sugestão, indico a leitura dos livros de autoria do doutor Içami Tiba, psiquiatra brasileiro, com vasta experiência no assunto. Particularmente, aprecio o livro *Anjos caídos*, já citado.

Com os olhos do coração

Talvez você esteja se sentindo impotente diante de tantos desafios, porém tenha a certeza de que essa é a missão que Deus lhe confiou e para a qual você precisa se preparar. Filhos são os maiores investimentos que podemos fazer na Bolsa de Valores da Vida. Os rendimentos compensam qualquer esforço.

Para vencer as drogas

"Se você quiser, você pode libertar-se das drogas, enquanto é tempo. Como filho de Deus, você possui dentro de si infinitos recursos para autossuperar-se! Não se deixe vencer."[78]
ODILON FERNANDES

Muitas famílias somente tomam contato com o problema das drogas quando descobrem um de seus familiares envolvidos com o vício, geralmente os filhos. Raro a descoberta coincidir com a época em que se deu o envolvimento com a droga; em regra, descobre-se muito tempo depois, meses ou anos após. Os pais ficam atordoados, costumeiramente se perguntam onde foi que erraram. Tenho visto casais se sentirem culpados pelo que sucedeu ao filho. É bom que se diga, entretanto, que tal estado em nada contribui para a resolução do problema, pois a culpa é um sentimento que nos imobiliza, prende e isso é a última coisa que o drogado e sua família podem se permitir. Além do mais, nem sempre os pais podem ser responsabilizados pelo ocorrido. A desarmonia familiar é apenas uma das causas que empurra os jovens para a droga, não é a única. A simples curiosidade pela droga, por exemplo, é apontada pelos especialistas como razão para o jovem entregar-se ao uso do entorpecente. Seja lá como for, o que importa é encontrar soluções, sem as dramatizações que só pioram as coisas.

A primeira atitude a tomar é a aceitação do fato. Quando falo em aceitação, não estou me referindo aos pais concordarem com o vício. Não é isso. É a admissão de que o problema existe e que deve ser tratado, pois muitos genitores adotam a postura de avestruz, ou seja, fazem de conta que o problema não existe. A aceitação inibe a revolta; quando tomam conhecimento de que o filho faz uso de entorpecente, os pais tendem a agir com vingança, alguns até com violência física. É preciso superar essa fase de frustração com o filho equivocado. Está certa a psicóloga Rosely Sayão ao afirmar:

> "É justamente quando o filho deixa os pais perceberem que está usando drogas que ele mais precisa dos pais, da presença educativa deles".[79]

Há mais de dois mil anos, o Homem de Nazaré alertou que os doentes eram os que precisavam de cuidados, não os sadios[*]. Jesus afirma que os equivocados são pessoas enfermas, não são maldosas, apenas estão doentes. Necessitam de cuidados, não de castigos. Superada a fase da rejeição, os pais devem estabelecer um plano de ação em três níveis: físico, emocional e espiritual, os quais a seguir serão abordados:

---

[*] Mateus, 9-12.

ATENDIMENTO FÍSICO

As drogas provocam efeitos nocivos ao corpo, disso ninguém tem dúvida. É de se espantar que, no caso da maconha, ainda se vejam pessoas defendendo o seu uso sob o pretexto de não causar danos. Elas não leram o rol elaborado pelo professor doutor Ronaldo Laranjeira, uma das maiores autoridades médicas no assunto, a respeito dos efeitos nocivos da *Cannabis sativa*: fadiga crônica, náusea crônica, dor de cabeça, irritabilidade, diminuição da coordenação motora, depressão e ansiedade, ataques de pânico, infertilidade, impotência, dentre outros[80]. Daí se segue a necessidade de o usuário de drogas receber atendimento médico especializado.

ATENDIMENTO EMOCIONAL

Múltiplas razões levam uma pessoa ao mundo do vício. Conflitos íntimos, desavenças familiares, autoestima negativa, desejo de agredir os pais, baixa tolerância a frustrações, enfim uma infinidade de motivos. Somente um psiquiatra ou psicólogo poderão identificar as causas reais e estabelecer a terapia indicada ao caso. Os pais carecem conhecer a raiz do problema para saberem lidar com ele. Para isso, precisarão da ajuda especializada do terapeuta. Sem prejuízo do acompanhamento especializado, o fortalecimento da autoestima será fator decisivo para que o usuário deixe o mundo das drogas. Quem sente prazer de estar vivo não precisa de estímulos artificiais; naturalmente se encontra inebriado com as possibilidades de uma vida útil a si mesmo e ao semelhante.

Com os olhos do coração

Os grupos de ajuda proporcionam bom apoio ao usuário e seus familiares. Aqui podemos citar o relevante trabalho do *AA* (Alcoólicos Anônimos), criado nos Estados Unidos em 1935 por dois alcoólatras que se beneficiaram da troca de experiências e estenderam a descoberta aos demais, como também do grupo *Amor Exigente*, fundado em 1985 pelo Padre Haroldo Joseph Rahm. Procure informações em sua cidade a respeito desses grupos que tão relevantes serviços vêm prestando aos dependentes e suas famílias.[*]

ATENDIMENTO ESPIRITUAL

Não somos apenas um corpo. Nossa realidade transcende a matéria densa. Somos espíritos momentaneamente vestindo um corpo, conforme temos dito em outras passagens do livro. Por isso, a realidade espiritual não pode ser esquecida em qualquer lance da existência. O Espiritismo nos ensina que a vida tem um objetivo superior, que viemos aqui para desenvolver nossas capacidades intelecto-morais. E as drogas representam um grande obstáculo para que esse objetivo seja alcançado. Muitos jovens estão voltando ao mundo espiritual em condições lamentáveis por causa dos vícios a que se entregaram. Perderam a oportunidade da reencarnação, e hoje estão arrependidos pela falta de coragem em superar os percalços da existência. Se tivessem enfrentado, de cara limpa,

---

[*] Informações sobre os grupos *AA* e *Amor Exigente* estão disponíveis em <http://www.alcoolicosanonimos.org.br> e <http://www.amorexigente.org.br>.

seus problemas íntimos, teriam sofrido infinitamente menos do que sofreram com as consequências do vício. A visão espiritual nos dá sentido à vida, incentivando-nos a preservá-la e não a desprezá-la com tragadas, goles ou picadas.

As drogas também repercutem negativamente no campo espiritual do usuário. Nossas energias se enfraquecem quando desprezamos a vida, ficamos com o sistema imunológico espiritual em baixa, portanto vulneráveis a energias negativas de encarnados e desencarnados. A droga não só está impregnada de efeitos químicos nocivos como também de fluidos pestilentos emanados da mente criminosa dos traficantes.

Ainda não podemos esquecer que o viciado dificilmente se lembra de Deus, raramente entrega-se à prece ou vai ao templo de sua fé, o que dificulta a cobertura espiritual de seu anjo protetor. Sem um amparo mais efetivo, o usuário torna-se presa fácil de espíritos viciados. A morte não extermina o vício. Por exemplo: o alcoólatra, quando desencarna, desperta do outro lado da vida com a necessidade de beber e para saciar o vício vai procurar a companhia de encarnados viciados que se encontram com as defesas espirituais abertas para o contato. Nenhum viciado bebe ou se droga sozinho. Daí a importante advertência feita por Odilon Fernandes:

> "Os jovens devem compenetrar-se de que a droga é um agente das trevas, hipnotizando-os para que as suas reencarnações redundem em fracasso espiritual. Drogados, os jovens alienam-se da realidade e, consequentemente, transformam-se em verdadeiros 'zumbis', fantoches cuja vida depende da vontade de quem os manobra".[81]

Com os olhos do coração

Ao lado da reformulação mental, a oração e os passes que se aplicam no centro espírita serão valiosos recursos para o reequilíbrio do enfermo*. Livrar-se do vício é assumir o comando da própria vida, não deixar que nenhuma inteligência possa nos influenciar negativamente. A prece, a vivência da religiosidade, a leitura de obras edificantes, a modificação dos pensamentos negativos e o trabalho de auxílio ao próximo serão, ao lado da terapia convencional, o suporte que retirará o enfermo do vale da morte para o cume da vitória sobre as drogas.

---

* Se a pessoa não aceitar o Espiritismo, que busque o apoio espiritual na religião de sua preferência.

Muito além das paredes...

*"O ambiente de uma casa também reflete
o estado d'alma de seus moradores."*[82]

IRMÃO JOSÉ

Um bom ambiente em casa é resultado de vários fatores.
Começa pela ordem e pela higiene. Não há dúvida de que organização e limpeza favorecem o clima de bem-estar dentro
do lar. Ninguém se sentirá bem em um lugar onde roupas estão largadas no chão, onde a sujeira e o mau cheiro predominam. Minha mãe fazia questão de, ao amanhecer, deixar
abertas as janelas de casa, dizia que era preciso arejá-la. Um
provérbio árabe afirma: "Na casa que entra sol, não entra médico". Talvez por isso pessoas deprimidas gostem de quartos
escuros e fechados. Ar puro é renovação, sol é vigor e alegria.

O clima do lar também é fruto do estado mental dos
seus integrantes. O ambiente emocional de uma casa é o reflexo dos seus moradores. Alguns dizem: "Esta casa está carregada", esquecendo-se de que "carregados" podem estar os que
nela residem. Pensamentos negativos e sentimentos inferiores,
quando constantes, poluem a atmosfera psíquica do ambiente.
É interessante observar que fora do lar somos pessoas alegres,
bem-humoradas, cordatas. Entretanto, quando entramos em
casa, despejamos um lixo de mau humor e azedume em nossos

entes queridos. O jovem filho percebe o clima ao dizer "a barra está pesada lá em casa". E está mesmo. O clima astral dentro do lar torna-se denso por conta de nosso estado emocional desequilibrado. A alegria é um poderoso elixir capaz de sanear o clima negativo, uma virtude que deve ser cultivada por todos os membros da família. Ela dissolve tristezas, combate a depressão e nos dá ânimo para enfrentar as adversidades do caminho. O sorriso, por sua vez, pode operar mudanças benéficas em nós e em quem o recebe, pois é um excelente condutor de alegria. É sábio o conselho de Emmet Fox:

> "O efeito de um sorriso nas outras pessoas não é menos notável. Desarma a desconfiança, dissolve o medo e a raiva e traz à luz o melhor da outra pessoa – e esse melhor ela imediatamente passa a lhe dar".[83]

Necessitamos de mais bom humor para que o astral em casa seja positivo. Ouvir boa música também favorece o relaxamento das tensões emocionais que tanto dificultam os relacionamentos.

Outro fator importante é o teor das palavras que utilizamos. Gritarias, discussões, anedotário pornográfico, palavras sarcásticas e vulgares, fofocas, zombarias são venenos perigosos que lançamos na atmosfera doméstica e que também irão impregnar a água e os alimentos de fluidos prejudiciais à nossa saúde. Quando discutimos na hora da refeição, temperamos a comida com energias negativas, provocando distúrbios digestivos.

Devemos ter atenção redobrada para o que vemos na televisão. Programas que exploram cenas deprimentes e violentas, que só comentam crimes e tragédias, além de nos encher de medo, criam um clima de intranquilidade no lar. Essas vibrações negativas são sustentadas todas as vezes que comentamos o que vimos com o único propósito de exaltar o mal. É quase impossível andar na lama sem se sujar. Por isso o mal não merece comentário algum, adverte André Luiz[84].

Filmes de terror enfraquecem nossas barreiras espirituais e nos põem em contato mais direto com energias mórbidas. Fui procurado por uma senhora que me narrou seu drama, ao permitir que a filha de nove anos assistisse a um filme de terror. O resultado foi que a garota ficou traumatizada, tinha medo de ir à escola, pesadelos constantes lhe tiravam o sono, perdeu o apetite e adoecia com frequência. A menina precisou de acompanhamento médico e psicológico, e eu ainda sugeri, como complemento, tratamento espiritual; somente depois de seis meses de remédios, terapias e passes é que conseguiu superar o problema.

A internet também merece atenção de nossa parte. Apesar de seus inegáveis benefícios, há riscos que não podem ser ignorados, sobretudo pelos pais. A possibilidade de acesso a uma infinidade de informações com um simples clicar do botão pode expor a criança ao contato com assuntos que estão fora de sua capacidade de compreensão, gerando distorções preocupantes. Os filhos poderão ter acesso a sites pornográficos, bem como a pessoas que exploram a pornografia infantil. Por conta desses riscos, não podemos vedar o uso da internet pelos filhos, pois se eles não a acessarem em casa vão fazê-lo na escola ou na casa de amigos. Melhor que o façam sob a vigilância dos pais.

Os adultos também não estão livres desse perigo, diria até que podem estar até mais expostos. Sem mencionar o fato, não menos preocupante, de a pessoa passar mais tempo com o computador do que com a família, vem crescendo o número de cônjuges procurando aventuras amorosas pela internet. No Japão, a venda de preservativos vem diminuindo por causa do sexo virtual, um curioso sexo sem contato a dois. Não nos cabe neste livro tecer comentários sobre o assunto, porém, no âmbito da família, a conduta do cônjuge que busca esse tipo de prática não deixa de representar um adultério. Nos tribunais, pedidos de separação judicial já estão sendo formulados com essa alegação.

Ao lado dessa questão, surge outra também relevante. Não se pode ignorar que, conquanto virtual, a ligação energética entre os internautas é real, capaz, portanto, de produzir efeitos nocivos para o ambiente doméstico, sobretudo para o casal. Marido e mulher, quando se amam, formam um campo energético vigoroso, capaz de isolar o lar de perturbações negativas. Além do mais, o amor existente entre o casal atrai a simpatia e o concurso dos bons espíritos responsáveis pela proteção do lar.

> Quando um dos cônjuges começa sentimentalmente a se afastar do outro, e o sexo virtual com outra pessoa é uma dessas possibilidades, aquele campo de energias envolvendo o casal vai apresentando fissuras, podendo até se romper definitivamente.

A primeira consequência disso é o esfriamento do amor entre o casal, pois um dos cônjuges está ligado vibratoriamente a outra pessoa. Em seguida, essa ligação de baixa vibração energética, já que resultante de desejos desequilibrados, fica carregada de fluidos nocivos lançados por espíritos levianos e infesta o lar de cargas tóxicas profundamente danosas. O ambiente em casa torna-se asfixiante, o casal terá discussões mais frequentes, os filhos poderão adoecer com mais intensidade, os vícios se tornarão mais comuns — enfim, é a falência do casamento. Alguns dirão que estou com a imaginação desvairada, mas o que digo é fruto da observação de vários casos que chegaram ao meu conhecimento. O sexo pode ser virtual, mas as consequências são reais e destruidoras.

Podemos observar que para ter uma casa limpa precisamos muito mais do que água e sabão. Que tal uma faxina, ainda hoje?

Oração em família

"A prece em conjunto no recanto doméstico saneia a sua atmosfera psíquica, facilitando a aproximação dos Espíritos Benfeitores."[85]

IRMÃO JOSÉ

Desde pequenos ouvimos falar sobre a necessidade de orar. Ensinaram-nos preces que acabaram sendo decoradas. Entretanto, nem sempre sentidas no momento em que deixam nossos lábios. O ato tornou-se tão mecânico que muitos perderam o hábito da oração. No mais das vezes, achamos que a prece requer o uso de palavras elegantes ou quilométricas, como se estivéssemos em um concurso literário. Deus nos ouve pelos sentimentos que conseguimos expressar, é isso o que define a nossa comunicação com o Criador. É preciso tirar a oração dos lábios e colocá-la no coração.

Hoje muito se tem dito sobre os benefícios da oração. Ela proporciona, num primeiro momento, bem-estar espiritual, pois ao orar mergulhamos num oceano de recursos espirituais abundantes, de onde haurimos ânimo e coragem para enfrentar os lances de nossa existência, sobretudo os mais difíceis. Faculta-nos, também, inspiração para que possamos agir da forma mais adequada nas encruzilhadas da vida. Por isso se diz que a oração torna o homem mais forte. Diversos estudos já proclamaram os benefícios da oração para a recuperação da saúde; enfermos agraciados com preces obtêm alta mais rapidamente que os demais. O hábito da oração confere àquele que ora maior confiança em Deus, e esse sentimento é capaz de reduzir as ansiedades tão perturbadoras de nossa saúde.

Um outro benefício da oração, e que mais de perto interessa à família, diz respeito à capacidade que a prece tem de sanear o ambiente psíquico do lar, conforme ensinou Irmão José. Somos o produto de tudo quanto falamos, pensamos e agimos. Esse conjunto de posturas (pensamento + palavra + ação) gera um padrão energético de idêntico teor, atraindo energias astrais equivalentes. Cada pessoa, portanto, tem a sua própria configuração energética, fruto do que pensa, fala e faz da vida. Podemos imaginar, então, o que significa a reunião de várias pessoas, com as suas próprias energias, convivendo sob o mesmo teto. É alta tensão na certa se essas energias estiverem desequilibradas.

Quantas vezes os cônjuges chegam cansados em casa; ele preocupado com as contas, ela irritada com os afazeres domésticos. As crianças querendo atenção, os pais querendo descanso. A mulher gritando com o marido porque ele não cuida dos filhos, ele, enraivecido, mandando a mulher voltar para a casa da mãe. E, como o clima esquentou, ele abre uma cerveja para esfriar a cabeça. É fácil imaginar qual o tipo de energia que predomina nessa casa. Essa atmosfera negativa paira no ambiente, deixando todos ainda mais irritados, cansados, e, por que não dizer, doentes. Tenho visto inúmeros casos de crianças que frequentemente estão enfermas, sem nenhuma causa aparente.

> A raiz está na desarmonia conjugal dos pais. Casais que costumam discutir aos berros, com palavras carregadas de ódio, lançam na atmosfera espiritual do lar dardos energéticos venenosos que afetam os cônjuges e, sobretudo, as crianças por ainda terem uma constituição física menos desenvolvida.

Os próprios alimentos recebem essa carga vibratória negativa e, uma vez ingeridos, podem produzir desarmonias gástricas inexplicáveis aos médicos.

A oração, portanto, tem também essa propriedade de sanear o ambiente psíquico do lar, desintegrando vibrações menos felizes e ainda promovendo o contato com Espíritos de Luz. Além do mais, e isso é o mais importante, a prece enseja a oportunidade de refletirmos sobre nosso comportamento. Quando ela é precedida de leitura de uma página edificante*, podemos avaliar o nosso próprio comportamento, procurando melhorar nossas condutas perante os semelhantes, sobretudo os que Deus colocou ao nosso lado. E, quando oramos em casa, temos uma valiosa oportunidade de conversar com nossos familiares, nós também falamos e todos se submetem a uma terapia espiritual com Jesus. Ele afirmou que estaria presente quando duas ou mais pessoas estivessem

---

* Os espíritas costumam utilizar o livro *O Evangelho Segundo o Espiritismo*, de Allan Kardec. Você poderá adotar outros de sua crença religiosa. Veja, no final deste livro, roteiro do Evangelho no Lar.

reunidas em seu nome. Que tal convidá-lo para estar em sua casa, ainda hoje?

LIÇÃO DE CASA

- ✓ Pelo menos uma vez por semana, a família deve reunir-se para orar.
- ✓ Proceder à leitura de uma página que proporcione reflexão espiritual;
- ✓ Diálogo fraterno sobre o tema, extraindo cada qual lições para sua vida.
- ✓ Oração em família, simples e espontânea, pedindo bênçãos para o lar e para cada um de seus integrantes.

Mantenha seu garfo...

Havia uma jovem mulher que tinha uma doença terminal, e os médicos previram que ela teria apenas mais três meses de vida. Dessa forma, ela começou a pôr as suas coisas "em ordem". Passado algum tempo, ligou para um amigo e pediu-lhe que viesse à sua casa para discutirem determinados aspectos de seus últimos desejos. Conversaram sobre vários pontos, e ela lhe disse sobre todas as suas vontades relacionadas ao serviço funerário. Tudo estava em ordem, e o amigo preparava-se para sair quando a mulher lembrou-se de algo muito importante para ela.

— Tem mais uma coisa! Quero ser enterrada com um garfo na mão direita.

O amigo ficou olhando a mulher sem saber o que dizer.

A mulher, então, explicou:

— Quando eu era criança e visitava a minha avó, no jantar, quando os pratos começavam a ser recolhidos, minha avó inclinava-se em minha direção e cochichava em meu ouvido: "Mantenha o seu garfo". Era minha parte favorita, porque eu sabia que algo melhor estava por vir, como o bolo de chocolate ou a torta de maçã. Assim eu apenas quero que as pessoas me vejam lá no caixão com um garfo na mão e perguntem: "para que é o garfo?". Então quero que lhes diga: "Ela mantém o garfo na mão porque o melhor está por vir".[86]

Hora do adeus...

"Nossa existência é transitória como as nuvens do outono. Observar o nascimento e a morte dos seres é como olhar os movimentos da dança. A duração da vida é como o brilho de um relâmpago no céu, tal como uma torrente que se precipita montanha abaixo."[87]

BUDA

Escrevi este capítulo quando passava férias com a família na aprazível Poços de Caldas, Estado de Minas. Fazia sol, e as crianças aproveitavam a piscina. Antevendo um momento de tranquilidade no quarto do hotel, decidi escrever. Comecei por revisar algumas ideias já passadas para o papel, ou melhor, para o computador, sem me dar conta do relógio. Só sei que, a certa hora, ouvi um barulho de chuva forte batendo na janela do quarto. Assustei-me. Como era possível aquele temporal se havia pouco o sol ainda esquentava minha cabeça? Refletindo sobre o imprevisto fenômeno, meditei que a vida é rica de situações semelhantes. Há um tempo para tudo, a vida acontece em ciclos que se repetem. Há um tempo para nascer, outro para morrer, hora de chegar, hora de partir. Tempo de semear, tempo de colher. A vida também tem as suas estações.

Há momentos em que as flores da primavera deixam nossas manhãs enfeitadas de alegria e esperança. Mas há também os períodos de inverno em que as nuvens carregadas de solidão e medo impedem o brilho do sol.

Não há como mudar os ciclos da natureza, tolice querer impedir a vida de realizar suas transformações; elas são inevitáveis. Contudo, o que os sábios ensinam é a necessidade que temos de nos adaptar às mudanças. Lembro-me de que, quando criança, não gostava de ir à escola quando chovia. Dona Manoela, porém, sempre sábia, dava-me capa, galocha e guarda-chuva, e lá ia eu parecendo um astronauta. Sempre que resistimos às transformações, sofremos muito. Quem se adapta às novas condições, aproveita mais e sofre menos.

Há dois momentos sempre muito marcantes na vida familiar: a chegada e a partida. O nascimento de um novo integrante do clã é celebrado com festa. Algumas maternidades se especializaram em transformar o parto num evento cinematográfico; o hospital parece hotel cinco estrelas. Coisa diversa ocorre no momento da morte. Um tom fúnebre toma conta de tudo e de todos. A tristeza e o desespero são os sentimentos que mais predominam. Ocorre que, do outro lado da vida, os sentimentos são bem diferentes. Quando reencarnamos, os amigos que ficaram no mundo espiritual, graças a Deus os temos também daquele lado, sentem-se apreensivos com nosso regresso ao plano físico, embora estejam confiantes na vitória que alcançaremos. Mas sabe-se lá se vamos seguir o que nos propomos antes do regresso ao corpo. Ainda somos tão teimosos!

Já quando voltamos pela porta da desencarnação, a tristeza daqui contrasta com a alegria de lá. Quando minha mãe desencarnou*, tive um sonho em que a vi cercada de muitos amigos e parentes que a precederam no regresso ao mundo espiritual. Todos estavam felizes ao lado de minha mãe. Quando acordei, ainda sentindo a alegria do ambiente espiritual onde me achava, pude concluir que não havia razão para tristezas, pois dona Manoela estava muito bem. Pude, então, entender o que a mulher queria dizer com a história do garfo preso ao seu braço, narrada no capítulo anterior. É claro que a minha saudade não desapareceu, porém não sofro mais com a "morte" de minha mãe.

O Espiritismo me ajudou a compreender essas coisas, pois me ensinou que somos espíritos momentaneamente tendo uma experiência física e que um dia essa experiência vai ter fim. Nosso mundo verdadeiro não é este no qual nos encontramos, nossa origem é espiritual, aqui estamos em missão temporária de aprendizado. É como se morássemos num determinado país e fôssemos incumbidos de uma missão em país estrangeiro. Cessada a tarefa, voltaríamos ao nosso país de origem. A Terra é esse mundo estrangeiro, aqui estamos provisoriamente; um dia teremos de retornar ao mundo dos espíritos, a nossa pátria verdadeira. Quem partiu não morreu, apenas voltou para o lugar de onde veio.

---

* Os espíritas não costumam falar em "morrer", porque a morte não existe. O que ocorre é apenas um fenômeno biológico de extinção das forças físicas, porém o espírito é eterno e sobrevive à morte, que se restringe ao corpo. Daí porque usamos a expressão "desencarnar", perder o corpo, em vez de morrer.

José Carlos De Lucca

Assim se torna mais leve encarar a desencarnação de um ente querido. Quando ela ocorre, sentimos tristeza, sim, mas não revolta, porque entendemos que o familiar querido voltou à sua terra natal, bem como ao convívio de outros seres que também o amam. Eles não morreram, é a mensagem que o Espiritismo vem proclamando e provando desde a codificação das Obras Básicas por Allan Kardec*. Essa é também a essência de milhares de mensagens que o médium Francisco Cândido Xavier recebeu dos entes desencarnados. Estudando centenas delas, pude extrair a essência das cartas psicografadas, todas dizendo mais ou menos o seguinte:

> Não morremos, não nos creiam sepultados na lápide fria do cemitério. Estamos mais vivos que nunca, apenas situados em outra dimensão. A vida deve prosseguir, não parem, não derramem lágrimas de desespero e revolta porque estamos todos vivos e ainda precisamos uns dos outros para o cumprimento da jornada que Deus confiou a todos nós.

Precisamos nos educar para o dia da partida, a nossa e a dos entes queridos, retirarmos os véus do materialismo que tanto nos fazem sofrer, porque supomos que a morte representa o fim de tudo. Nada tem fim, toda chegada é partida, todo adeus é um até breve. Para tanto, ofereço-lhe as palavras atribuídas a Santo Agostinho:

---

* Principais obras codificadas por Allan Kardec: *O Livro dos Espíritos* (1857), *O Livro dos Médiuns* (1861) e *O Evangelho Segundo o Espiritismo* (1864).

Com os olhos do coração

"A morte não é nada. Eu somente passei para o outro lado do caminho. Eu sou eu, vocês são vocês. O que eu era para vocês, eu continuarei sendo. Deem-me o nome que vocês sempre me deram, falem comigo como vocês sempre fizeram. Vocês estão vivendo no mundo das criaturas, eu estou vivendo no mundo do Criador. Não utilizem um tom solene ou triste, continuem a rir daquilo que nos fazia rir juntos. Rezem, sorriam, pensem em mim. Rezem por mim. Que meu nome seja pronunciado como sempre foi, sem ênfase de nenhum tipo. Sem nenhum traço de sombra ou tristeza. A vida significa tudo o que ela sempre significou, o fio não foi cortado. Por que eu estaria fora de seus pensamentos, agora que estou apenas fora de suas vistas? Eu não estou longe, apenas estou do outro lado do caminho...Você, que aí ficou, siga em frente, a vida continua, linda e bela como sempre foi".

O milagre do amor

Como qualquer mãe, quando soube que um bebê estava a caminho, Karen fez todo o possível para ajudar o seu outro filho, Michael, com três anos de idade, a se preparar para a chegada. Os exames mostraram que era uma menina, e todos os dias Michael cantava perto da barriga de sua mãe. Ele já amava sua irmãzinha antes mesmo de ela nascer. A gravidez se desenvolveu normalmente. No tempo certo, vieram as contrações. Primeiro a cada cinco minutos; depois a cada três; então a cada minuto uma contração. Entretanto, surgiram complicações sérias e o trabalho de parto de Karen demorou horas.

Todos discutiam a necessidade provável de uma cesariana. Até que, enfim, depois de muito tempo, a irmãzinha de Michael nasceu. Só que ela estava muito mal e foi preciso levá-la à UTI do Hospital. Os dias passaram. A menina piorava. O médico disse aos pais: "Preparem-se para o pior. Há poucas esperanças".

Karen e seu marido começaram, então, os preparativos para o funeral. Alguns dias antes estavam arrumando o quarto para esperar pelo novo bebê e, agora, os planos eram outros. Que ironia.

Enquanto isso, Michael todos os dias pedia aos pais que o levassem para conhecer a sua irmãzinha. "Eu quero cantar para ela, quero dizer que ela é o meu sol", ele implorava.

A segunda semana de UTI entrou e esperava-se que a criança não sobrevivesse até o fim dela. Michael continuava insistindo com seu pais para que o deixassem cantar para sua irmã. Mas crianças não eram permitidas na UTI. Entretanto, Karen tomou uma decisão. Ela levaria o filho ao hospital de qualquer jeito. Ele ainda não tinha visto a irmã e, se não fosse naquele dia, talvez não a visse viva. Ela vestiu Michael com uma roupa um pouco maior, para disfarçar a idade, e rumou para o hospital.

A enfermeira não permitiu que ele entrasse. Mas Karen, comovida, insistiu: "Deixe que ele veja a irmãzinha, é o nosso último desejo".

A enfermeira não resistiu ao apelo e Michael foi levado até a incubadora. Ele olhou para aquela trouxinha de gente que perdia a batalha pela vida. Depois de alguns segundos olhando, ele começou a cantar, com sua voz pequenina: "Você é o meu sol, o meu único sol. Você me deixa feliz mesmo quando o céu está escuro..."

Nesse momento, o bebê pareceu reagir. A pulsação começou a baixar e se estabilizou. Karen encorajou Michael a continuar cantando.

"Você não sabe, querida, quanto eu te amo. Você é o meu sol, Por favor, continue iluminando os meus dias..."

Enquanto Michael cantava, a respiração difícil do bebê foi se tornando suave. "Continue, querido!", pediu a mãe emocionada.

"Outra noite, querida, eu sonhei que você estava em meus braços..."

O bebê começou a relaxar. "Cante mais um pouco, Michael", suplicou a genitora com lágrimas nos olhos. A enfermeira, chorando, chamou os médicos e eles presenciaram aquela cena de rara beleza espiritual.

"Você é o meu sol, o meu único sol. Você me deixa feliz mesmo quando o céu está escuro. Por favor, não leve o meu sol embora..."

No dia seguinte, a irmã de Michael já tinha se recuperado e, semanas depois, foi para casa, curada.[88*]

---

* Conta-se que a menina, que recebeu o nome de Sunshine, aquela que reflete a luz do sol, continua vivendo até hoje, passados mais de vinte anos desde que essa linda história de amor ocorreu.

Você é o meu sol

"Há dificuldades e percalços, incompreensões
e desentendimentos? Usa a misericórdia
que Jesus já usou contigo, dando-te nova
ocasião de santificar e de aprender."[89]

EMMANUEL

Não consigo pensar na história de Michael e Sunshine sem que meus olhos vertam lágrimas emocionadas. Que poder tem o amor! Entristeço-me, porém, quando descubro minhas dificuldades em conjugar o verbo amar, quando em vez de cantar para meus familiares, preocupo-me apenas em satisfazer meus próprios interesses. Por isso, a vida no lar frequentemente é palco de muitas desavenças. Cada um vê a vida a seu modo, temos gostos diversos, aspirações variadas, estando pouco dispostos a pensar no outro.

Revela a espiritualidade que a experiência em família é um treino, um ensaio para voos maiores. O lar é, no fundo, um microcosmo, uma representação em miniatura da sociedade. Para podermos viver bem com muitos, temos de aprender a viver bem com poucos. O lar é um laboratório divino. Nele, Deus nos possibilita exercícios de convivência com um pequeno grupo de pessoas para que nos habilitemos a viver em paz com outros povos, raças e credos. Essa ideia é de Jesus:

José Carlos De Lucca

"A paz do mundo começa sob as telhas a que nos acolhemos. Se não aprendemos a viver em paz, entre quatro paredes, como aguardar a harmonia das nações?".[90]

Viver em paz dentro de casa é uma tarefa que requer muito empenho de nossa parte. Por muito pouco, deixamos que a paz vá por água abaixo. Como os choques são inevitáveis, enfrentá-los com as emoções exaltadas não nos garante resultados satisfatórios. É necessário que tenhamos certas habilidades que nos auxiliem a administrar os conflitos. Ir pela força dá péssimos resultados. Nas penitenciárias, encontramos muitos homens que desejaram resolver seus problemas com a família na base da violência. E muitos alegaram que agiram por amor. Sei. Agressividade gera agressividade, eis a única consequência que o mal acarreta. E, como vimos, a violência tem muitas caras, não é apenas física, é também moral; a palavra que corta, o olhar que incendeia, o pensamento que envenena, são formas expressas de agressividade. Precisamos usar outros recursos mais inteligentes para resolver nossas desarmonias dentro do lar. Ao longo deste livro, apresentamos sete remédios essenciais para curar qualquer desarmonia familiar. Vamos relembrar:

1. calma;
2. flexibilidade;
3. compreensão;
4. amorosidade;
5. paciência;
6. humildade;
7. perdão.

Com os olhos do coração

Muitos me perguntam: "Ah, De Lucca, como posso resolver um problema conjugal com meu marido, se não sei mais o que fazer?" Encontramos a cura nos remédios indicados. E funcionam porque foram prescritos no Evangelho por Jesus. A receita não é minha, pertence ao maior terapeuta familiar de todos os tempos. Meu papel neste livro limitou-se a embalar os remédios, tão só. Mas, como todo medicamento, só faz efeito se for utilizado. E aí está o problema, não queremos nos submeter à terapia do Evangelho, desejamos a cura sem esforço. Esse milagre não existe. Aliás, toda cura é uma autocura. Quando somos mais pacientes, por exemplo, menos conflitos em casa vamos ter, não é mesmo? Como não reconhecer os efeitos benéficos do perdão? No lar, ofendemos e somos ofendidos constantemente. O perdão dissolve mágoas, que tantos estragos provocam no casamento. Perdoar é curar, é um ato de inteligência, embora muitos, infelizmente, entendam-no como demonstração de covardia.

> Mas, entre a agressividade e o perdão, somente este
> último é remédio capaz de limpar ressentimentos;
> a vingança é veneno letal para o casamento.

Então, temos duas taças: uma com remédio, outra com veneno. Qual delas uma pessoa inteligente escolhe?

Falando sobre o remédio da compreensão, por exemplo, percebemos que ele nos possibilita lidar com o lado melhor da pessoa. Somos seres constituídos de sombra e luz, temos pontos fortes e fracos, aspectos positivos e virtudes a construir. Quem compreende, percebe todas as nuances da personalidade do outro, sabe o lado positivo da pessoa e também conhece suas regiões mais sombrias. Essa amplitude de visão que a compreensão oferece nos possibilita desenvolver estratégias para um bom relacionamento, obviamente tolerando as falhas naturais de cada um, e, sobretudo, ligando-nos mais no lado virtuoso da pessoa. Com isso, trocamos a crítica pelo elogio, olhamos o familiar com bons olhos, percebemos seus valores, temos compaixão quando ele se equivoca, pois conhecemos todas as suas virtudes. E isso tudo tem reflexos fantásticos sobre o relacionamento. Se lidamos com o melhor da pessoa, ela devolve o melhor de si para nós. Não foi esse o proceder do pequeno Michael?

Olhando a lista dos remédios, sei que preciso ingerir todos, sem exceção; uns mais, outros menos, mas todos. Comprimidos de flexibilidade eu tomo diariamente; quando esqueço, tenho problemas. E você? Já pensou quais medicamentos precisa tomar? Talvez estivesse pensando que os remédios deveriam ser ingeridos pelos nossos desafetos familiares. Acertei? Acho que sim, temos a ideia de que somente os outros devem mudar. Ledo engano. Nós é que precisamos dar o primeiro passo.

Se este livro lhe chegou às mãos, é porque você
está pronto para as mudanças; a partir delas,
muita coisa boa vai ocorrer na sua família.

Tenho visto centenas de casais melhorarem o relacionamento quando um deles decidiu mudar a si mesmo a partir da utilização dos remédios indicados na lista já citada. Percebo que quanto mais compreensivo sou com minha mulher, mais ela me devolve compreensão. Quanto mais sou carinhoso, mais ela se torna amável. Em casa, geralmente esperamos que o outro nos trate bem. Poderíamos, no entanto, tomar a iniciativa e fazer ao familiar o que gostaríamos que ele nos fizesse.

Atitude é tudo. Temos nos queixado muito da família, temos esperado demais que os familiares mudem e como eles em regra não mudam (talvez estejam esperando que nós mudemos primeiro), o relacionamento em casa vai desmoronando. Quem dará o primeiro passo? Somente a tomada de atitudes positivas mudará o curso dos acontecimentos. Se Michael não tivesse a iniciativa de cantar para sua irmã, por certo a história dela seria outra.

Há mais de dois mil anos, um homem conseguiu mudar a história do mundo. Dividiu a história em duas partes: antes e depois dele. Não tinha exércitos, porém o amor era a sua arma mais poderosa. Jamais usou de violência, mas era firme em seus ideais de fraternidade. Não tinha diploma, contudo escreveu as mais belas páginas de compreensão e esperança que o mundo conheceu. Não detinha nenhum poder político, mas todos os que o conheceram curvavam-se ao seu olhar compassivo. A história registrou o surgimento de centenas de profetas que trouxeram mensagens de beleza espiritual para a humanidade. No entanto, somente Jesus foi capaz de vivê-las em sua plenitude. Ele foi o profeta do amor que amou. Não mediu esforços, nem sacrifícios. Amou tanto que deu a sua própria vida.

Falou-nos o Mestre do Amor que a casa deve ser edificada sobre a rocha para que sobreviva às tempestades.

Muitas vezes, porém, edificamos nossa casa sobre a areia, sempre frágil, e ela não suporta as ventanias. Entretanto, sempre é tempo de construir novos alicerces para a nossa casa. Sempre é tempo de tentar mais uma vez. Nada está perdido, desde que ainda estejamos dispostos a olhar a família com os olhos do coração, conforme tentei expor neste singelo livro. A edificação de uma casa sobre a rocha é lenta, faz-se tijolo a tijolo, leva tempo. O alicerce deve ser firme, e só o amor é firme, só ele dá coragem, só ele faz suportar os golpes da incompreensão.

Caro leitor, espero que este livro, embora reconheça a sua simplicidade, possa ser um dos tijolos de sua nova casa, que ele seja útil nas atitudes de amor que você tomará a partir de agora. Tenha certeza de que este livro, não por méritos que não possuo, vai carregado de energias positivas para que você jamais desista de sua família, jamais abandone a esperança de uma vida amorosa junto dos seus. Sei que não está longe o dia em que você enxergará o seu companheiro de jornada familiar com os olhos do coração e lhe dirá, com toda a emoção:

"Você é o meu sol".

Referências bibliográficas

1. *Felicidade já!*, Robert Holden. SP: Butterfly Editora.

2. *Terapia do amor conjugal*, Valério Albisetti. SP: Paulinas Editora.

3. *Aprendendo a gostar de si mesmo*, Louise L. Hay. RJ: Sextante.

4. *Terapia do amor conjugal*, Valério Albisetti. SP: Paulinas Editora.

5. *Teu lar*, psicografia de Carlos A. Baccelli, mensagem do Espírito Irmão José. SP: Editora Didier.

6. *Teu lar*, psicografia de Carlos A. Baccelli, mensagem do Espírito Irmão José. SP: Editora Didier.

7. *Sinal verde*, psicografia de Francisco Cândido Xavier, mensagem do Espírito André Luiz. SP: Petit Editora.

8. *Perdas & ganhos*, Lya Luft. RJ: Editora Record.

9. *Insight*, Daniel C. Luz . SP: Editora DVS.

10. *Luz no lar*, psicografia de Francisco Cândido Xavier, mensagem do Espírito André Luiz. RJ: FEB.

11. *Educar com parábolas*, Alfonso Francia. SP: Editora Ave-Maria.

12. *O profeta*, Gibran Khalil Gibran. RJ: Associação Cultural Internacional Gibran.

13. *De onde vêm as palavras*, Deonísio da Silva. SP: A Girafa Editora.

14. *O profeta*, Gibran Khalil Gibran. Associação Cultural Internacional Gibran.

15. *Amor*, Rubem Alves. SP: Papirus Editora.

16. *Tempo de viver*, Eillen Campbell. RJ: Sextante.

17. *Livro de sonetos*, "Soneto da fidelidade", Vinícius de Moraes. SP: Companhia das Letras.

18. *Lições de sabedoria*, coletânea de entrevistas organizada por Marlene Nobre. SP: Folha Espírita.

19. *Vida e sexo*, psicografia de Francisco Cândido Xavier, mensagem do Espírito Emmanuel. RJ: FEB.

20. *Leis de amor*, psicografia de Francisco Cândido Xavier e de Waldo Vieira, mensagem do Espírito Emmanuel. SP: Edições FEESP.

21. *O Evangelho Segundo o Espiritismo*, Allan Kardec, Capítulo XXII, item 5. SP: Petit Editora.

22. *Vida e sexo*, psicografia de Francisco Cândido Xavier, mensagem de Emmanuel. RJ: FEB.

23. *Aprendendo com Divaldo*, coletânea de entrevistas de Divaldo P. Franco. RJ: SEJA.

24. *Como educar meu filho*, Rosely Sayão. SP: PubliFolha.

25. *Sinal verde*, psicografia de Francisco Cândido Xavier, mensagem do Espírito André Luiz. SP: Petit Editora.

26. *Os 100 segredos das pessoas felizes*, David Niven. RJ: Sextante.

27. *Amando uns aos outros*, Leo Buscaglia. RJ: Nova Era.

28. *Tornar-se pessoa*, Carl Rogers. SP: Martins Fontes Editora.

29. *Nascido para amar*, Leo Buscaglia. RJ: Nova Era.

30. *A vida em família*, Rodolfo Calligaris. SP: IDE.

31. *Homens são de Marte*, mulheres são de Vênus, Jonh Gray. RJ: Editora Rocco.

32. *Os 7 hábitos das famílias muito eficazes*, Stephen R. Covey. SP: Editora Best Seller.

33. *Não faça tempestade em copo-d'água com a família*, Richard Carlson. RJ: Editora Rocco.

34. *101 segredos dos casais felizes*, Anna Saslow. SP: Editora Original.

35. *As mais belas parábolas de todos os tempos*, org. Alexandre Rangel. MG: Editora Leitura.

36. *Amando uns aos outros*, Leo Buscaglia. RJ: Nova Era.

37. *Antologia poética*, "Poema enjoadinho", Vinícius de Moraes. SP: Editora do Autor.

38. *Busca e acharás*, psicografia de Francisco Cândido Xavier, Espíritos Emmanuel e André Luiz. SP: IDEAL.

39. *O poder do subconsciente*, Joseph Murphy. RJ: Nova Era.

40. *Dicionário universal de citações*, Paulo Rónai. RJ: Editora Nova Fronteira.

41. *Fonte viva*, psicografia de Francisco Cândido Xavier, mensagem do Espírito Emmanuel. RJ: FEB.

42. *Para que minha família se transforme*, Maria Salette, Wilma Ruggeri e Jota Lima. SP: Editora Verus.

43. *Terapia da família*, Kass Dotterweich. SP: Paulus.

44. *Dicionário da alma*, psicografia de Francisco Cândido Xavier, espíritos diversos. RJ: FEB.

45. *Sinal verde*, psicografia de Francisco Cândido Xavier, mensagem do Espírito André Luiz. SP: Petit Editora.

46. *Os segredos da vida*, Elisabeth Kübler-Ross e David Kessler. RJ: Sextante.

47. *Teu amor, tua vida*, Carlos Torres Pastorino. RJ: Editora Record.

48. *Contatos com tato*, Virginia Satir. SP: Editora Gente.

49. *Teu lar*, psicografia de Carlos A. Baccelli, mensagem do Espírito Irmão José. SP: Editora Didier.

50. *O Espírito de Chico Xavier*, psicografia de Carlos A Baccelli, mensagem do Espírito Chico Xavier. MG: LEEPP.

51. *Casamento inteligente*, Joel Kotin. SP: Editora Novo Século.

52. *Amor & sobrevivência*, Dean Ornish. RJ: Editora Rocco.

53. *Amor*, Rubem Alves. SP: Papirus Editora.

54. *Belas parábolas sobre família*, org. Alexandre Rangel. MG: Editora Leitura.

55. *Sinal verde*, psicografia de Francisco Cândido Xavier, mensagem do Espírito André Luiz. SP: Petit Editora.

56. *Palavras de vida eterna*, psicografia de Francisco Cândido Xavier, mensagem do Espírito Emmanuel. RJ: FEB.

57. *Insight 2*, Daniel C. Luz. SP: DVS Editora.

58. *Dicionário universal de citações*, Paulo Rónai. RJ: Editora Nova Fronteira.

59. *Teu amor, tua vida*, Carlos Torres Pastorino. RJ: Editora Record.

60. *Os 100 segredos dos bons relacionamentos*, David Niven. RJ: Sextante.

61. *Terapia da família*, Kass Dotterweich. SP: Paulus.

José Carlos De Lucca

62. *Amor & sobrevivência*, Dean Ornish. RJ: Editora Rocco.

63. *Teu lar, tua vida*, Carlos Torres Pastorino. RJ: Editora Record.

64. *101 segredos dos casais felizes*, Anna Saslow. SP: Editora Original.

65. *A essência do riso*, coleção Pensamentos e textos. SP: Editora Martin Claret.

66. *Família*, psicografia de Francisco Cândido Xavier, espíritos diversos. SP: Editora CEU.

67. *Quem ama, educa*, Içami Tiba. SP: Editora Gente.

68. *Educar para ser feliz*, Heloísa Pires. SP: Editora Camille Flamarion.

69. *Inteligência emocional*, Daniel Goleman. RJ: Editora Objetiva.

70. *Pais brilhantes & professores fascinantes*, Augusto Cury. RJ: Sextante.

71. *Momento Espírita*, volume 3. PR: FEP.

72. *Aconselhamento em dependência química*, Ronaldo Laranjeira, Neliana B. Figlie e Selma Bordin. SP: Editora Roca.

73. *Anjos caídos*, Içami Tiba. SP: Editora Gente.

74. *Após a tempestade*, psicografia de Divaldo P. Franco, mensagem do Espírito Joanna de Ângelis. BA: LEAL.

75. *Adolescência e vida*, psicografia de Divaldo P. Franco, mensagem do Espírito Joanna de Ângelis. BA: LEAL.

76. *Inteligência emocional*, Daniel Goleman. RJ: Editora Objetiva.

77. *Pais brilhantes & professores fascinantes*, Augusto Cury. RJ: Sextante.

78. *Para vencer as drogas*, psicografia de Carlos A. Baccelli, mensagem do Espírito Odilon Fernandes. SP: Editora Didier.

79. *Como educar meu filho*, Rosely Sayão. SP: PubliFolha.

80. *Aconselhamento em dependência química*, Ronaldo laranjeira, Neliana B. Figlie e Selma Bordin. SP: Editora Roca.

81. *Para vencer as drogas*, psicografia de Carlos A. Baccelli, mensagem do Espírito Odilon Fernandes. SP: Editora Didier.

82. *Teu lar*, psicografia de Carlos A. Baccelli, mensagem do Espírito Irmão José. SP: Editora Didier.

83. *Faça sua vida valer a pena*, Emmet Fox. RJ: Nova Era.

Com os olhos do coração

84. *Agenda cristã*, psicografia de Francisco Cândido Xavier, mensagem de André Luiz. RJ: FEB.

85. *Teu lar*, psicografia de Carlos A. Baccelli, mensagem do Espírito Irmão José. SP: Editora Didier.

86. *Belas parábolas sobre família*, org. Alexandre Rangel. MG: Editora Leitura.

87. *Tempo de viver*, Eillen Campbell. RJ: Sextante.

88. *Códigos da vida*, Legrand. MG: Soler Editora.

89. *Caminho, verdade e vida*, psicografia de Francisco Cândido Xavier, mensagem do Espírito Emmanuel. RJ: FEB.

90. *Jesus no lar*, psicografia de Francisco Cândido Xavier, mensagem do Espírito Néio Lúcio. RJ: FEB.

Ao terminar a leitura deste livro, talvez você tenha ficado com algumas dúvidas e perguntas a fazer, o que é um bom sinal. Sinal de que está em busca de explicações para a vida. Todas as respostas que você precisa estão nas Obras Básicas de Allan Kardec.

Se você gostou deste livro, o que acha de fazer que outras pessoas venham a conhecê-lo também? Poderia comentá-lo com aquelas do seu relacionamento, dar de presente a alguém que talvez esteja precisando ou até mesmo emprestar àquele que não tem condições de comprá-lo. O importante é a divulgação da boa leitura, principalmente a da literatura espírita. Entre nessa corrente!

Casa do Cristo Redentor
Um sonho aguardando suas mãos

Nós precisamos de você. Entre em contato conosco e saiba como nos ajudar.

Rua Agrimensor Sugaya, 986 - 08260-030 - Itaquera - São Paulo/SP

Telefones: (11) 2521-6211 / (11) 2521-2626 / (11) 2521-6217

E-mail: adm@casadocristoredentor.org.br

Doações:	**Bradesco**	**Caixa Econômica**	**Santander**
	Agência: 101-5	Agência: 2873	Agência: 0670
	C/c: 130.972-2	C/c: 003.167-5	C/c: 13.000.851-7

Favorecido: Casa do Cristo Redentor – CNPJ: 62.366.844/0001-08

Instituição assistencial para a criança

Fundada em 27/12/1956
Registrada no Serviço Social do Estado Sob Nº 2058 em 3/6/1969
Registrada no Conselho Nacional do Serviço Social Sob Nº 238.906/69
Declarada de Utilidade Pública pela Lei Estadual Nº 6646 de 4/1/1962
Decreto Federal Nº 73190 de 22/11/1973

Visite nosso site: **www.casadocristoredentor.org.br**

CAMPANHA Evangelho no Lar

FINALIDADES

A prática e o estudo contínuo do Evangelho no Lar
têm a finalidade de:

Unir as criaturas, proporcionando uma convivência
de paz e tranquilidade.

Higienizar o lar com nossos pensamentos
e sentimentos elevados, permitindo facilitar o
auxílio dos mensageiros do bem.

Proporcionar no lar, e fora dele, o fortalecimento necessário
para enfrentar dificuldades materiais e espirituais,
mantendo ativos os princípios da oração e da vigilância.

Elevar o padrão vibratório dos familiares,
a fim de que possam contribuir para a construção
de um mundo melhor.

SUGESTÕES

Escolha uma hora e um dia da semana em que seja
possível a presença de todos da família, ou daqueles
que desejarem participar.

A observação cuidadosa da hora e do dia estabelece
um compromisso de pontualidade com a espiritualidade,
garantindo a assistência espiritual.

A duração da reunião pode ser de trinta minutos
aproximadamente, ou mais,
dependendo de cada família.

Não suspender a prática do Evangelho
em virtude de visitas, passeios adiáveis
ou acontecimentos fúteis.

Providenciar uma jarra com água para fluidificação,
para ser servida no final da reunião.

ROTEIRO

1. PRECE INICIAL

Pai-Nosso ou uma prece simples e espontânea,
valorizando os sentimentos e não as palavras,
solicitando a direção divina para a reunião.

2. LEITURA

Leitura em sequência de um trecho de
O Evangelho Segundo o Espiritismo, começando na primeira
página, incluindo prefácio, introdução e notas.

3. COMENTÁRIOS

Devem ser breves, esclarecer
e facilitar a compreensão dos ensinamentos e de sua
aplicação na vida diária.

4. VIBRAÇÕES

Fazer vibrações é emitir sentimentos e pensamentos
de amor, paz e harmonia, obedecendo a este roteiro básico
e acrescentando as vibrações particulares,
de acordo com as necessidades.

Em tranquila serenidade e confiantes no
Divino Amigo Jesus,vibremos:

Pela paz na Terra/pelos dirigentes de todos
os países/pelo nosso Brasil/pelos nossos
governantes/pelos doentes do corpo e da alma/
pelos presidiários/ pelas crianças/pelos velhinhos/
pela juventude/ pelos que se acham em provas
dolorosas/ pela expansão do Evangelho/
pela confraternização entre as religiões/
pelo nosso local e companheiros de trabalho/
pelos nossos vizinhos/pelos nossos amigos
e inimigos/ pelo nosso lar e nossos
familiares e por nós mesmos.
Graças a Deus.

5. PRECE FINAL

Pai-Nosso ou uma prece espontânea
de agradecimento, solicitando
a fluidificação da água e convidando
os amigos espirituais para a reunião
da próxima semana.

Levamos o livro espírita cada vez mais longe!

Av. Porto Ferreira, 1031 | Parque Iracema
CEP 15809-020 | Catanduva-SP

www.petit.com.br
www.boanova.net

petit@petit.com.br
boanova@boanova.net

17 3531.4444

17 99257.5523

Siga-nos em nossas redes sociais.

@boanovaed   boanovaeditora

CURTA, COMENTE, COMPARTILHE E SALVE.
utilize #boanovaeditora

Acesse nossa loja   Fale pelo whatsapp